Este libro de colorear
pertenece a:

....

....

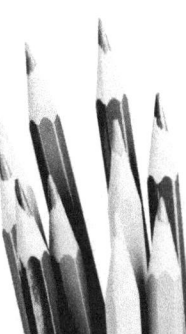

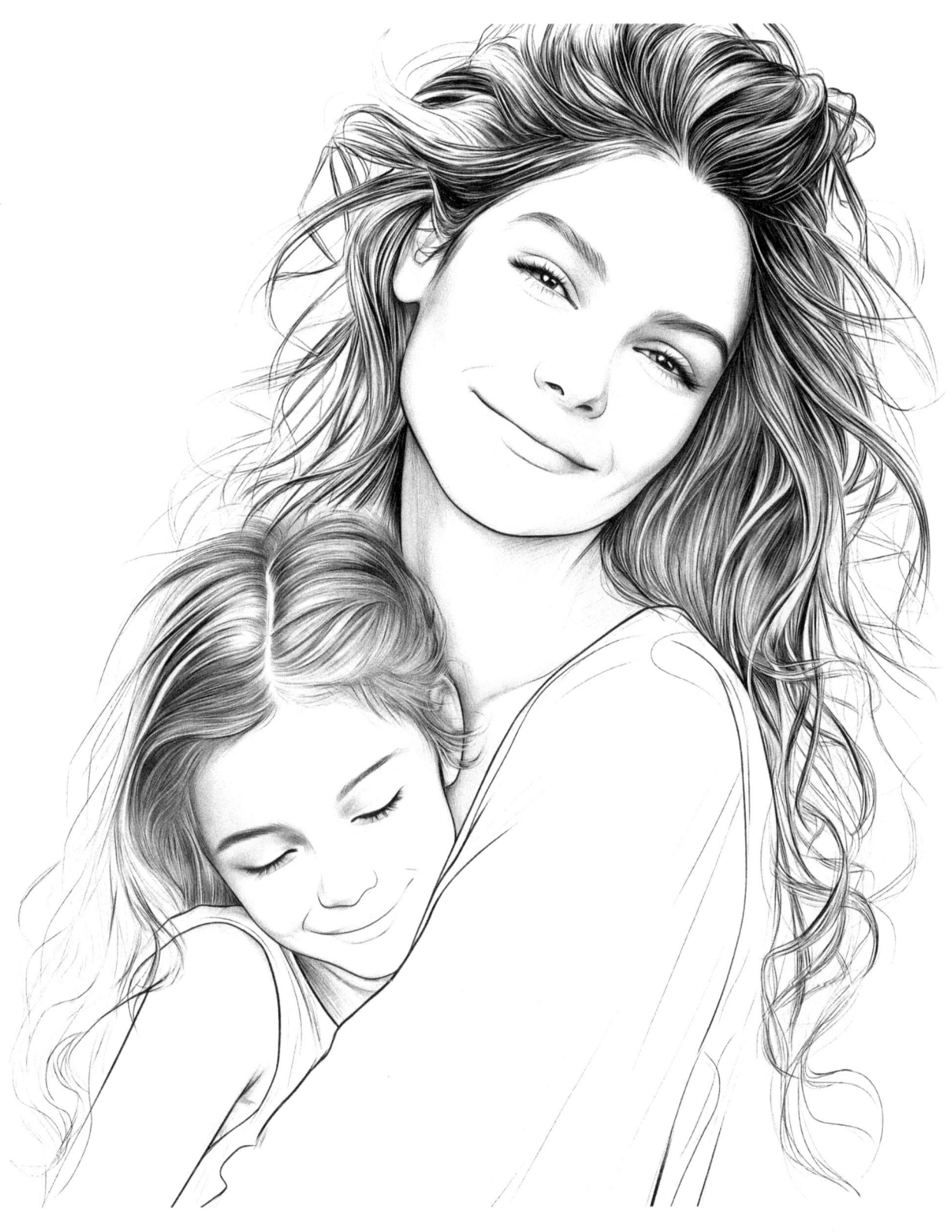

"Gracias por ser mi roca, mamá."

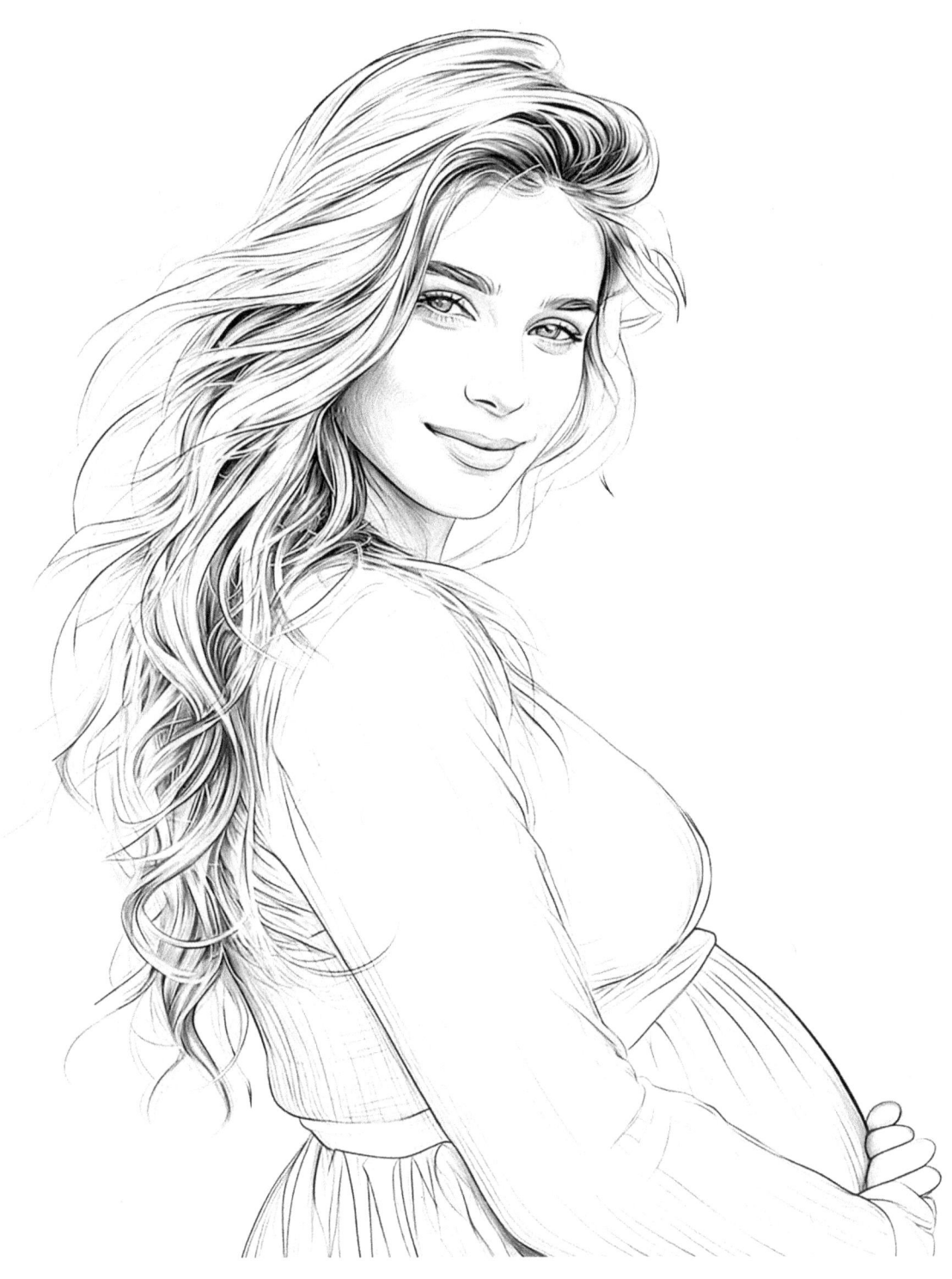

"Eres mi inspiración diaria."

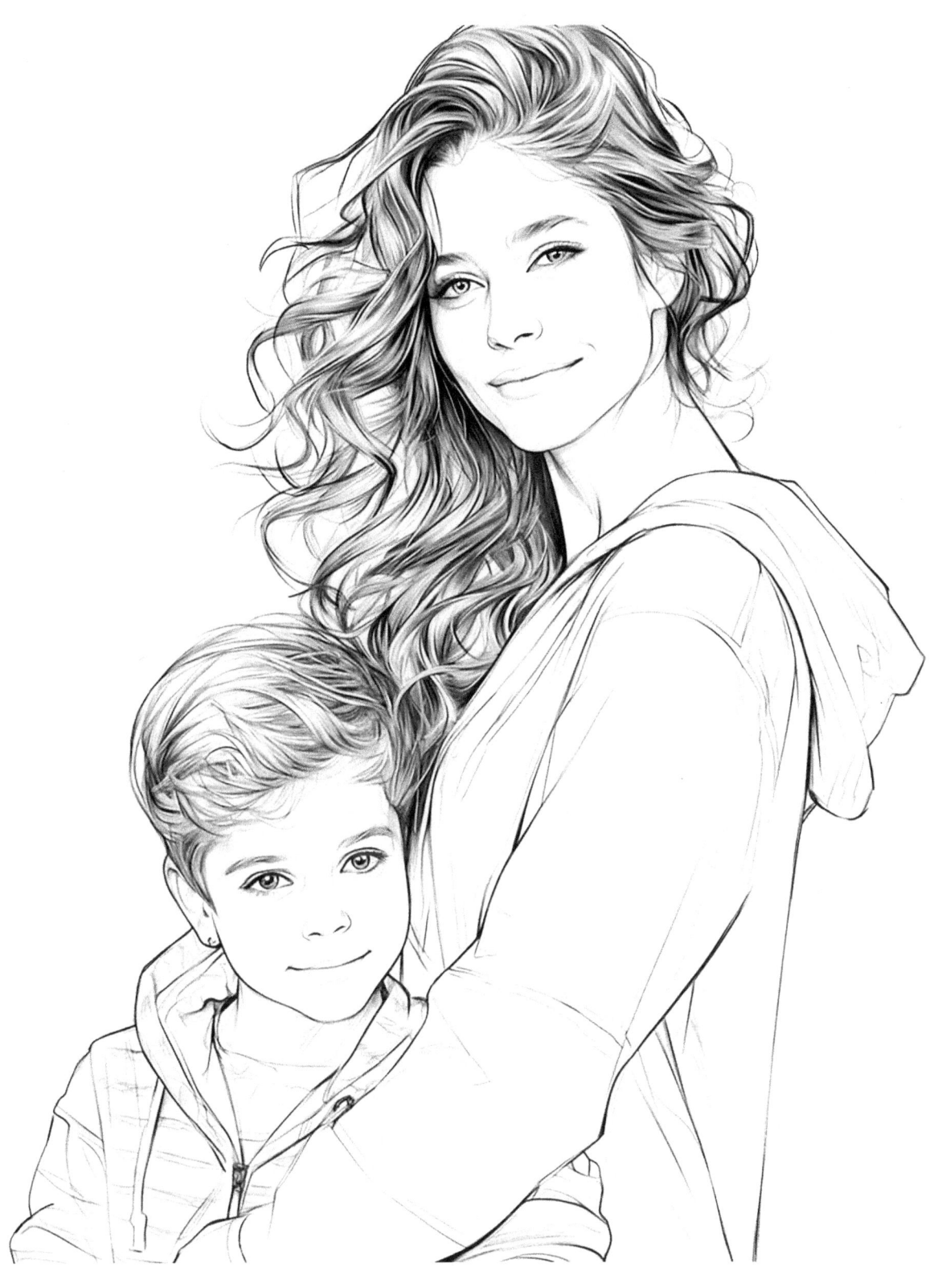

"Tu amor es mi refugio."

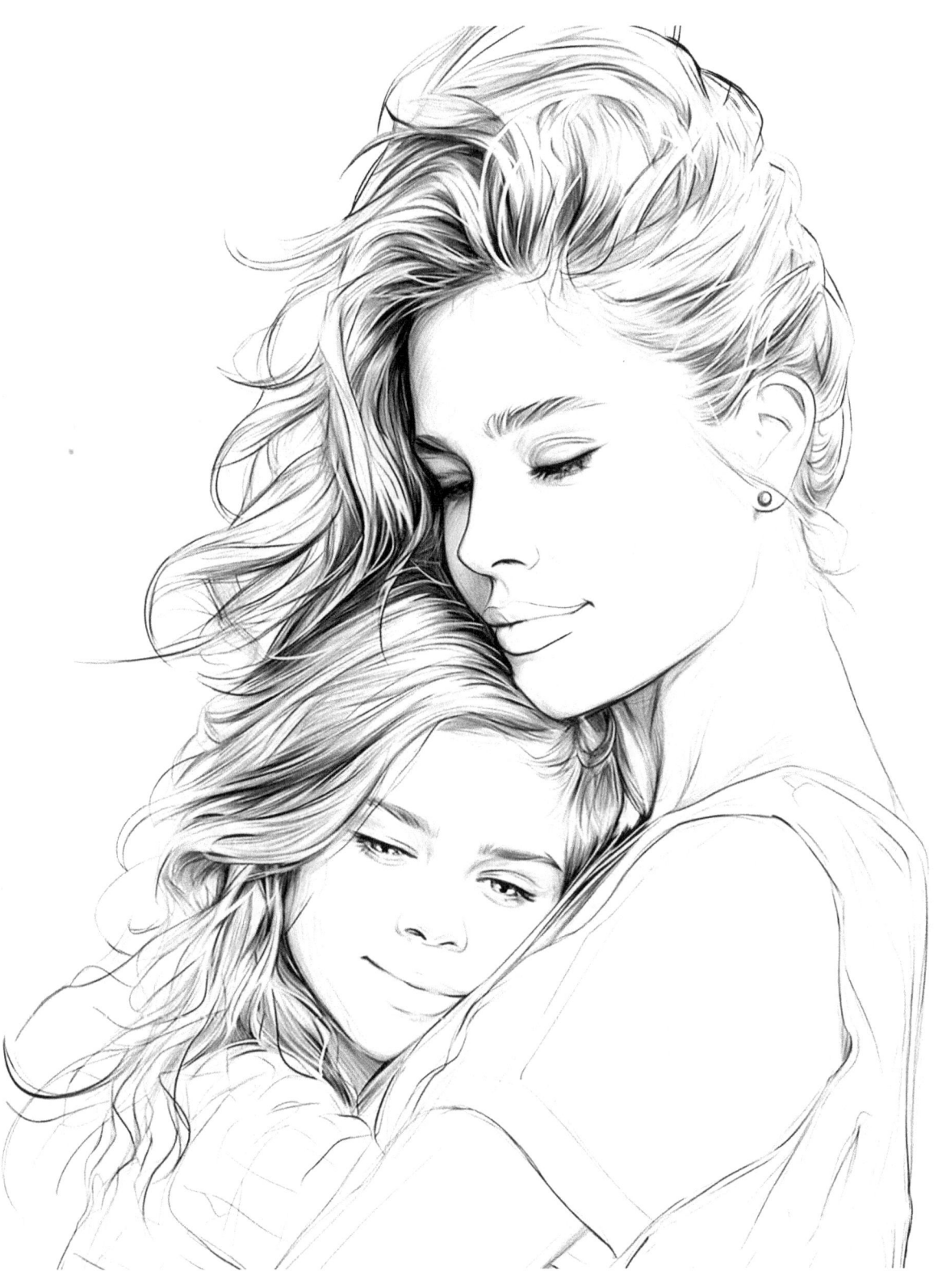

"Mamá, eres mi héroe."

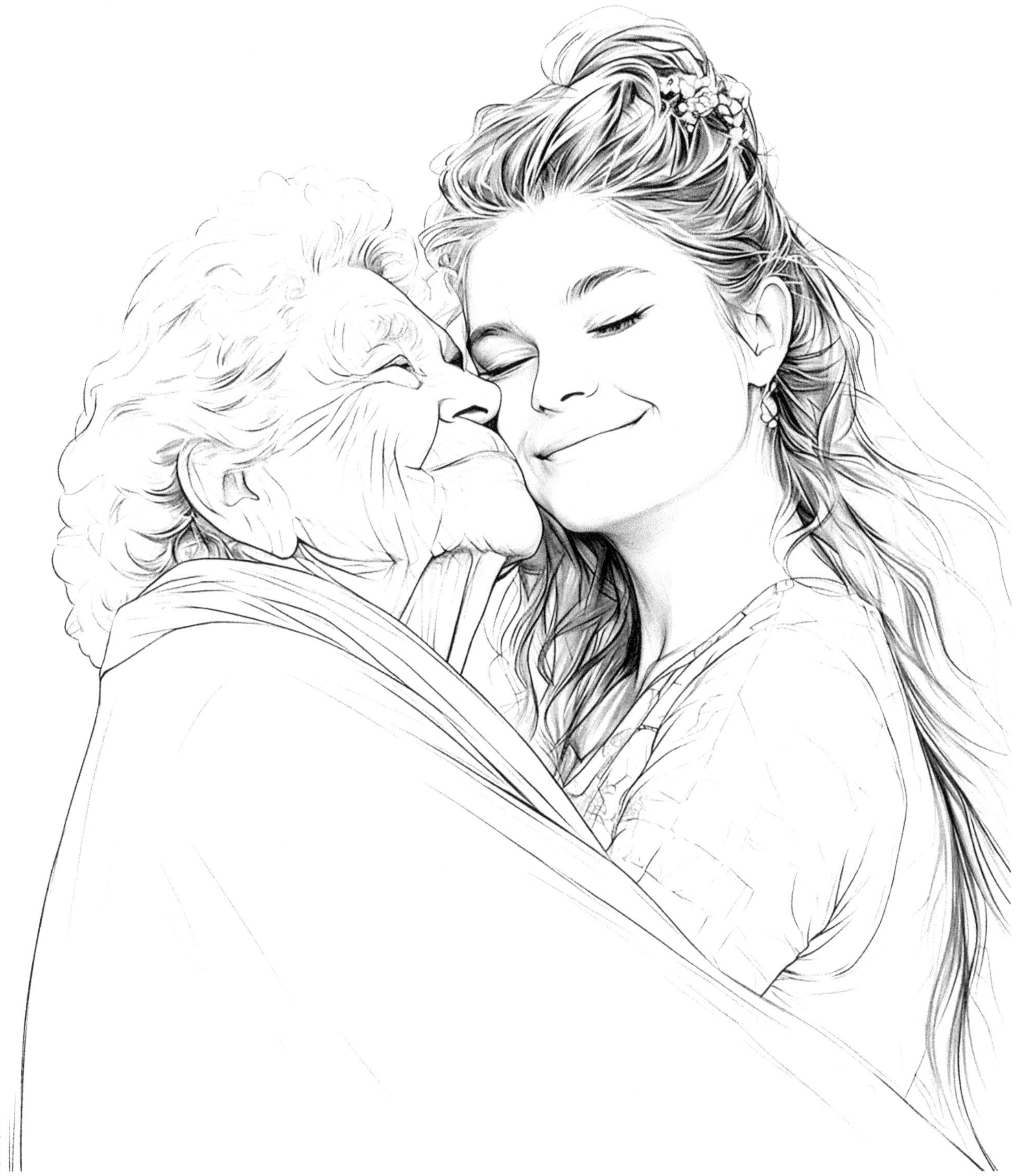

"Contigo todo es más bonito."

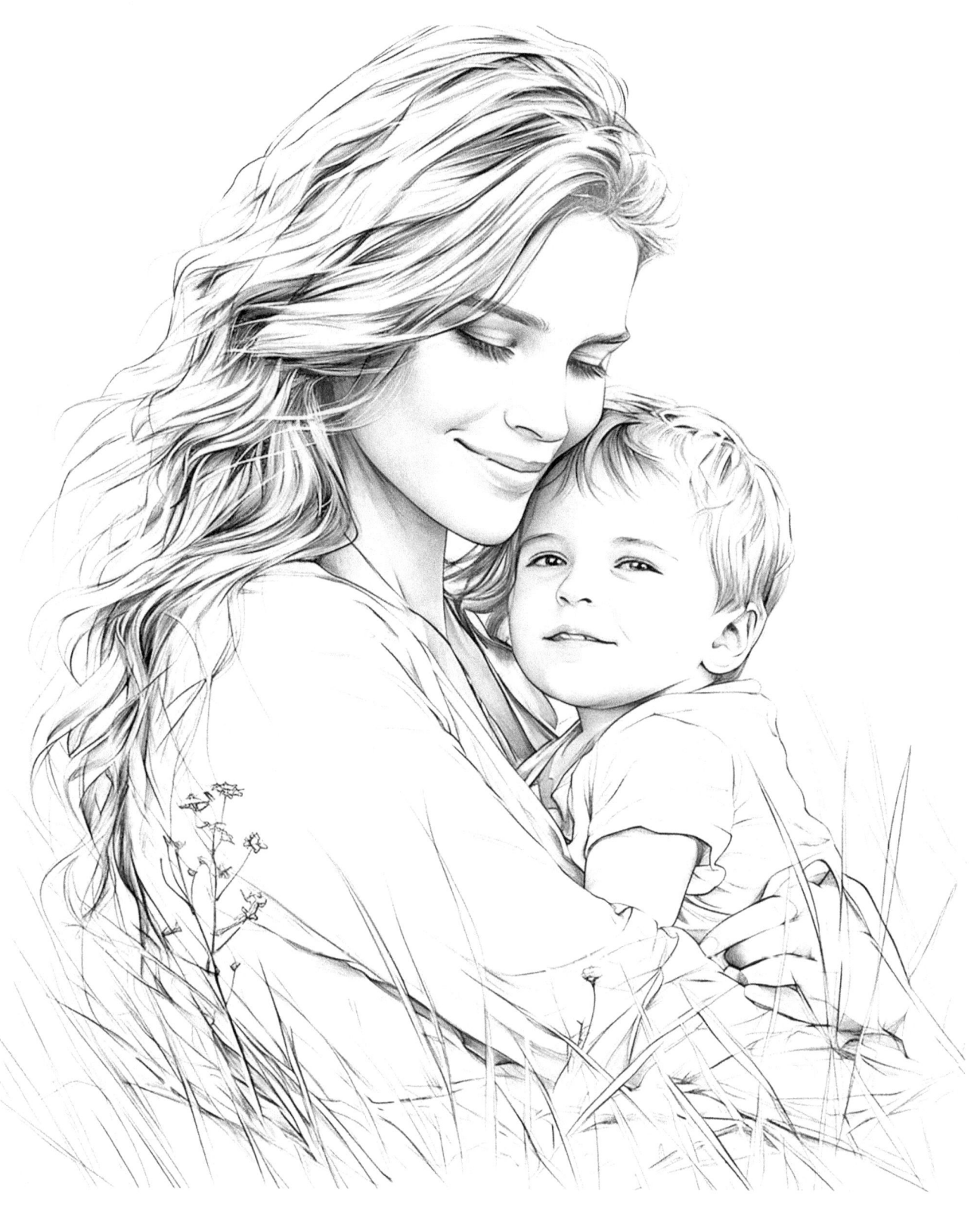

"Gracias por ser mi apoyo incondicional."

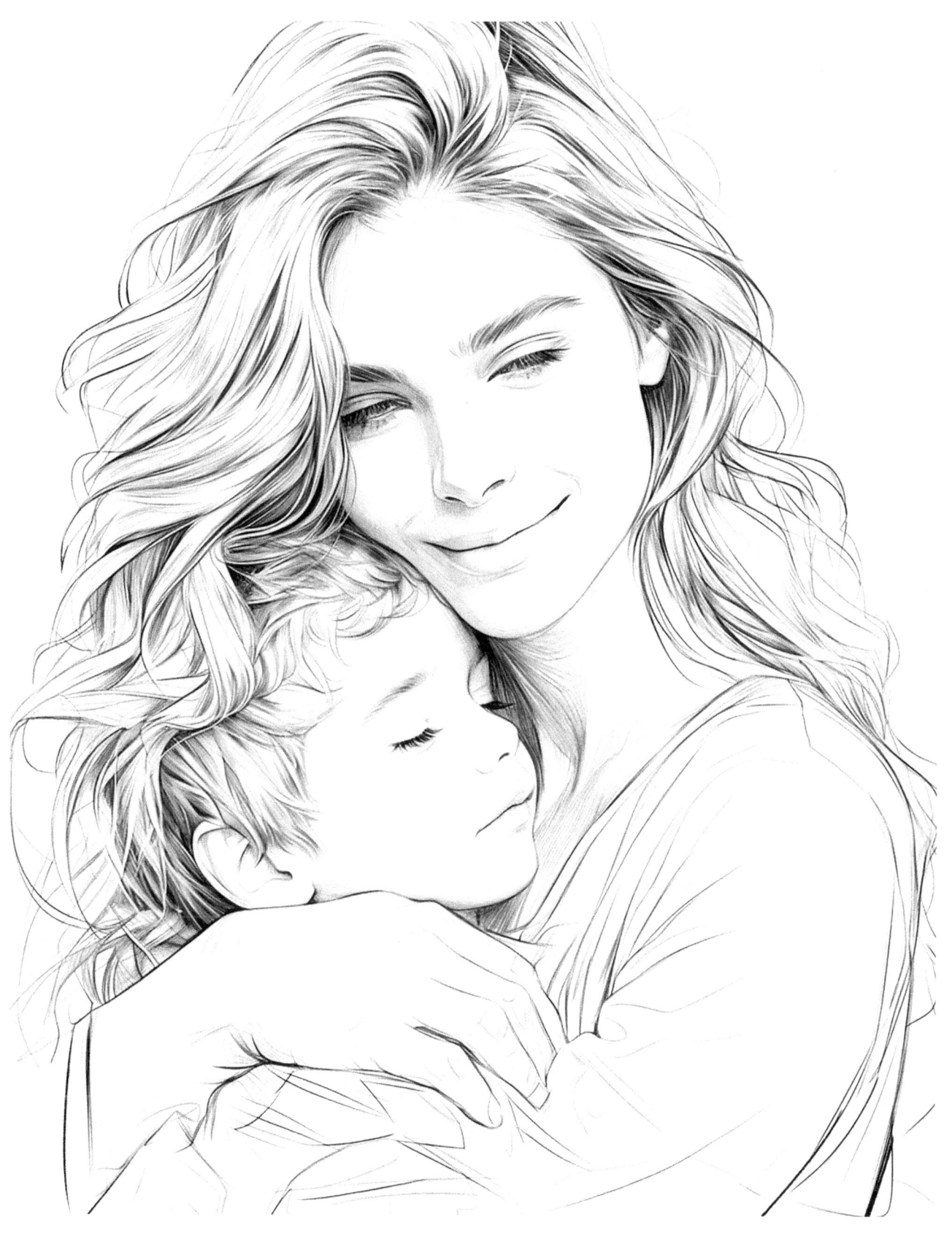

"Eres la luz de mi vida."

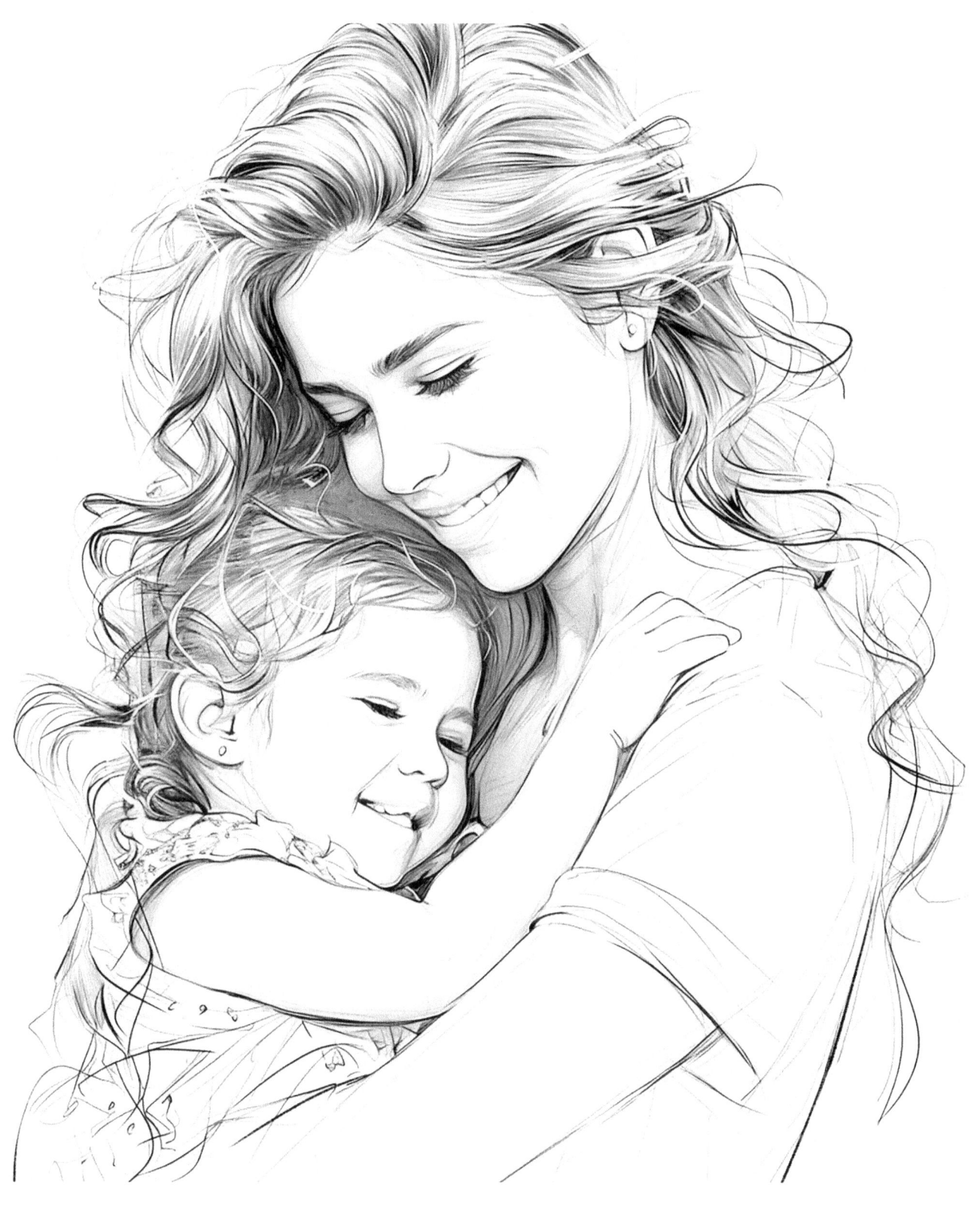

"Tu amor es mi mayor fortuna."

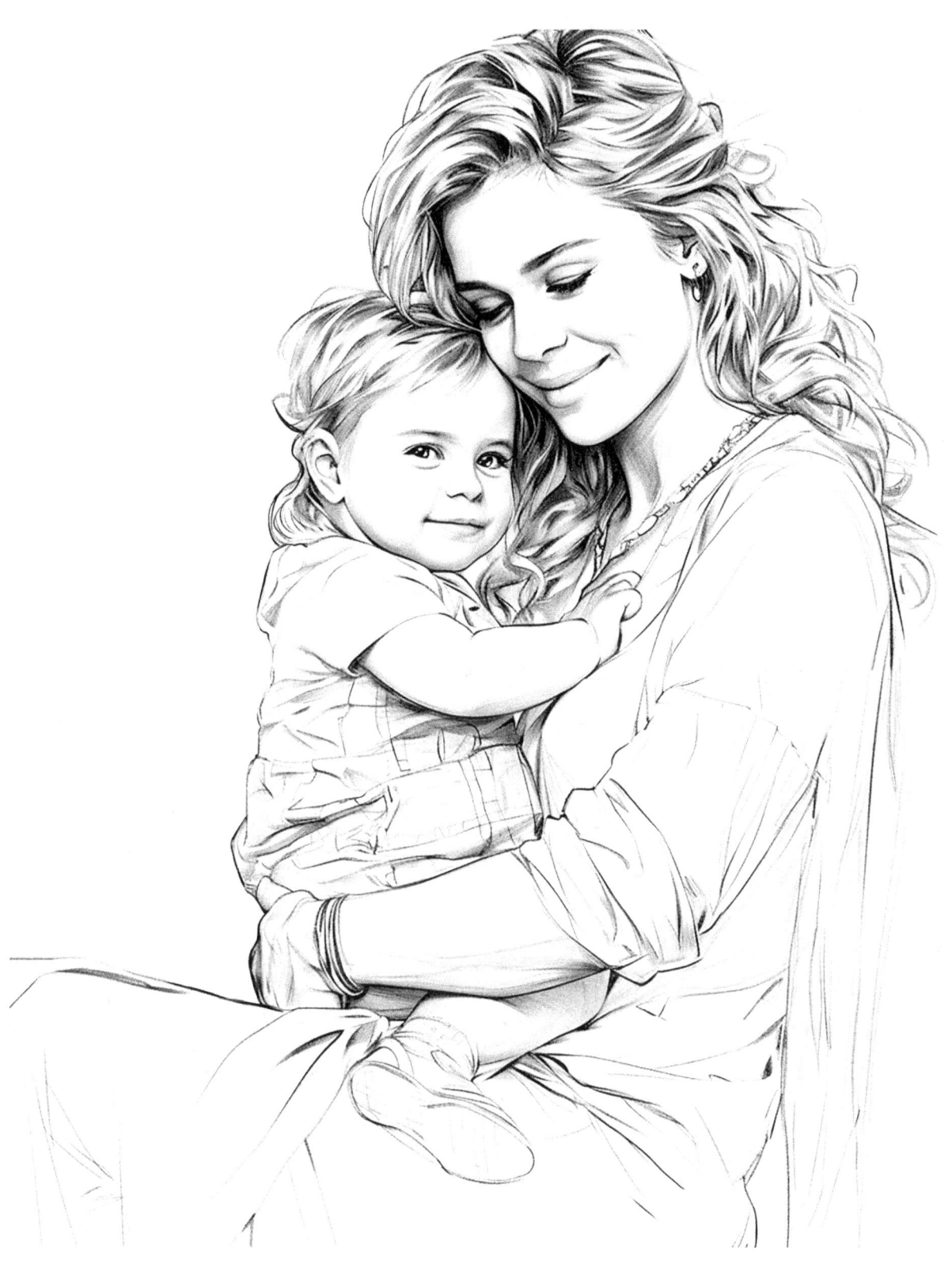

"Nunca podré agradecerte lo suficiente."

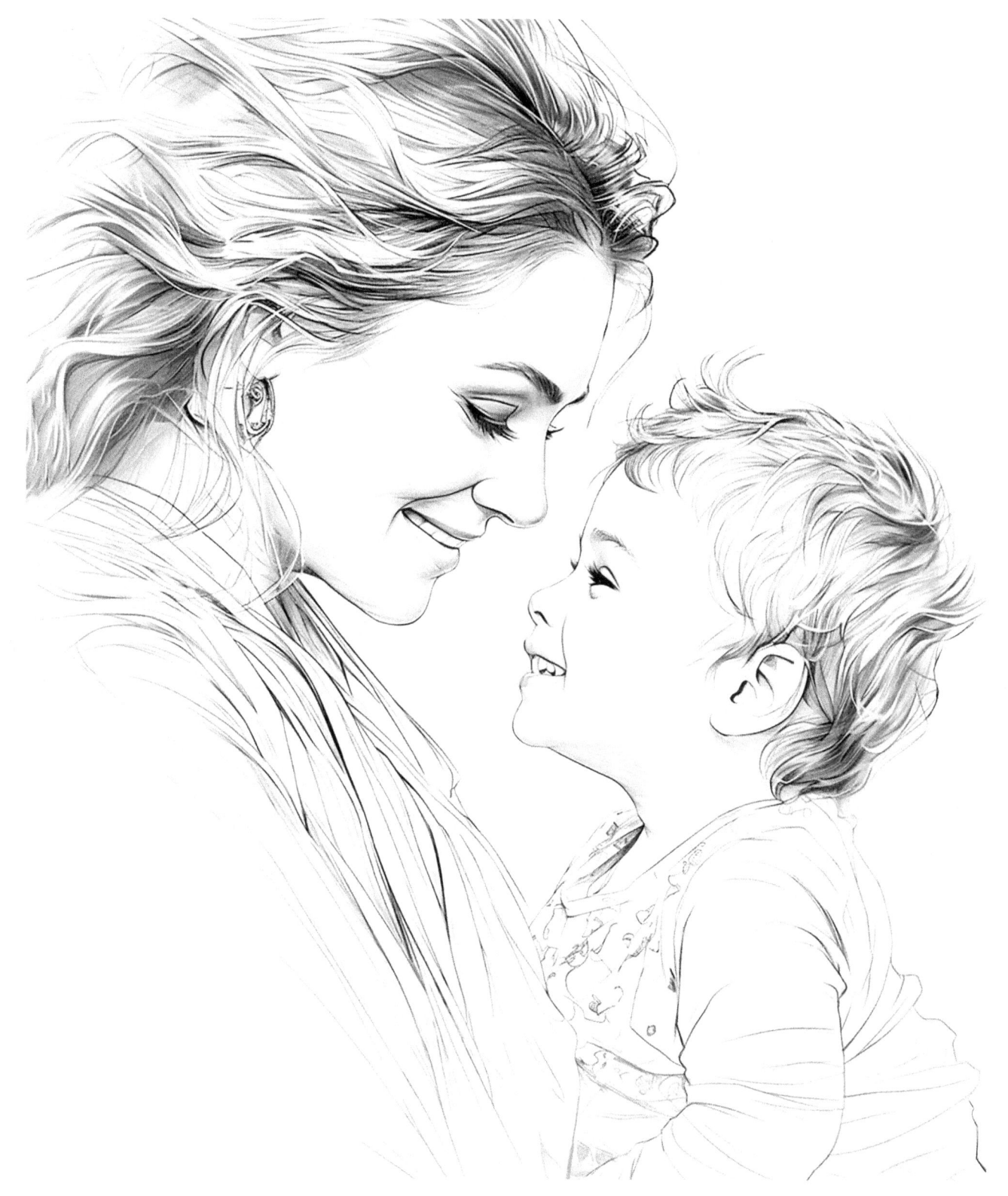

"Eres mi ejemplo a seguir."

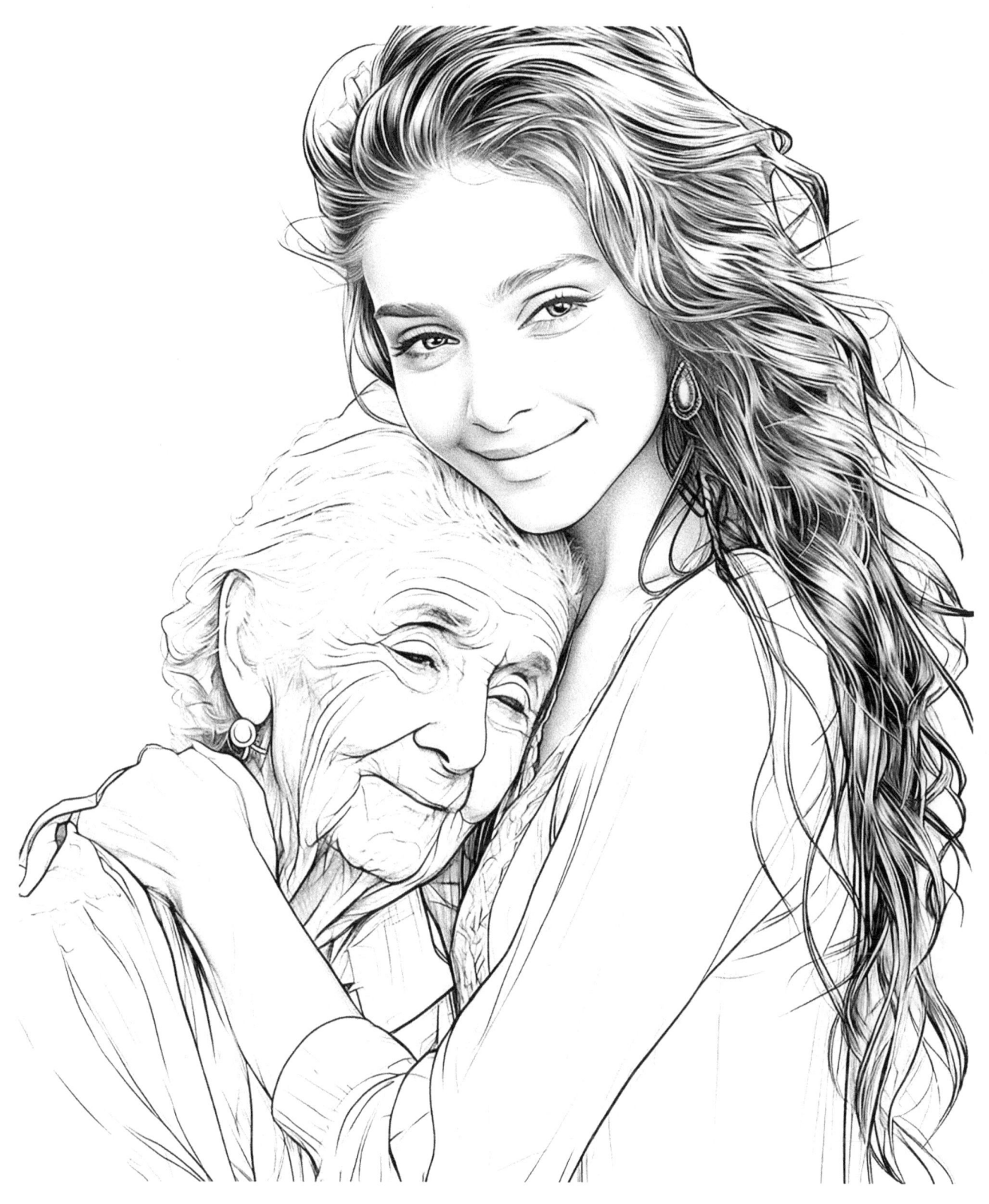

"Gracias por cada sacrificio."

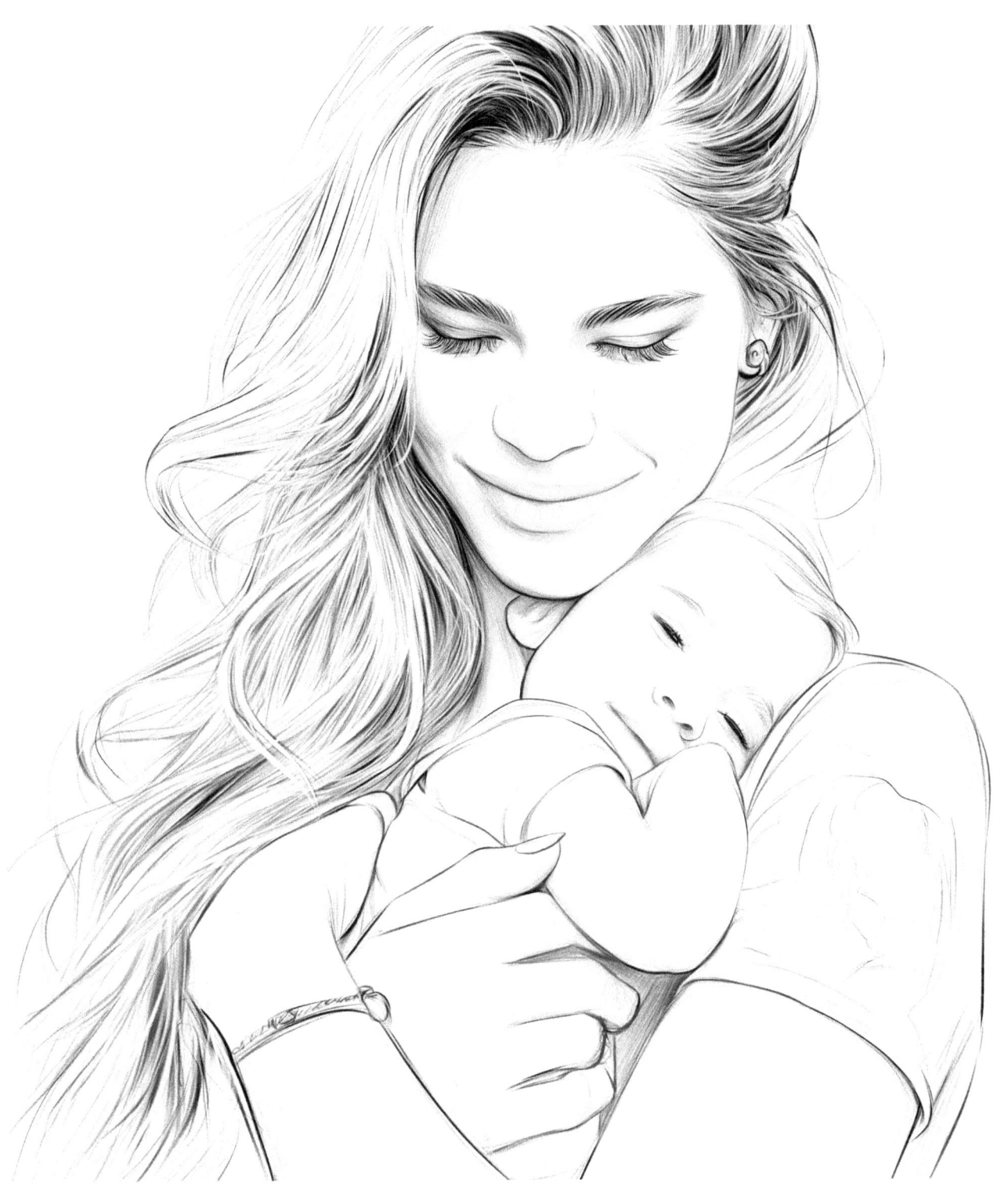

"Tu amor es mi mayor regalo."

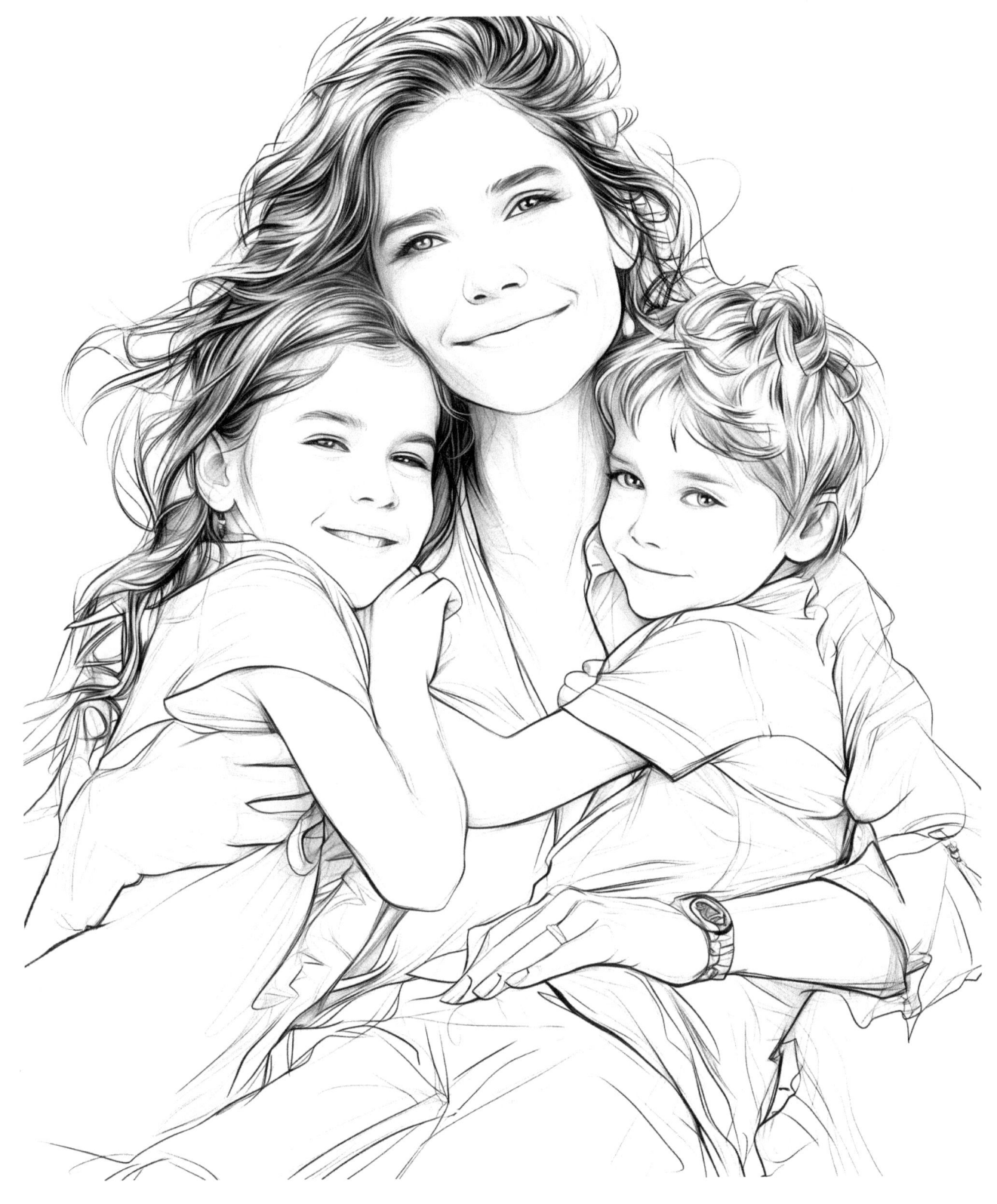

"Eres mi confidente más fiel."

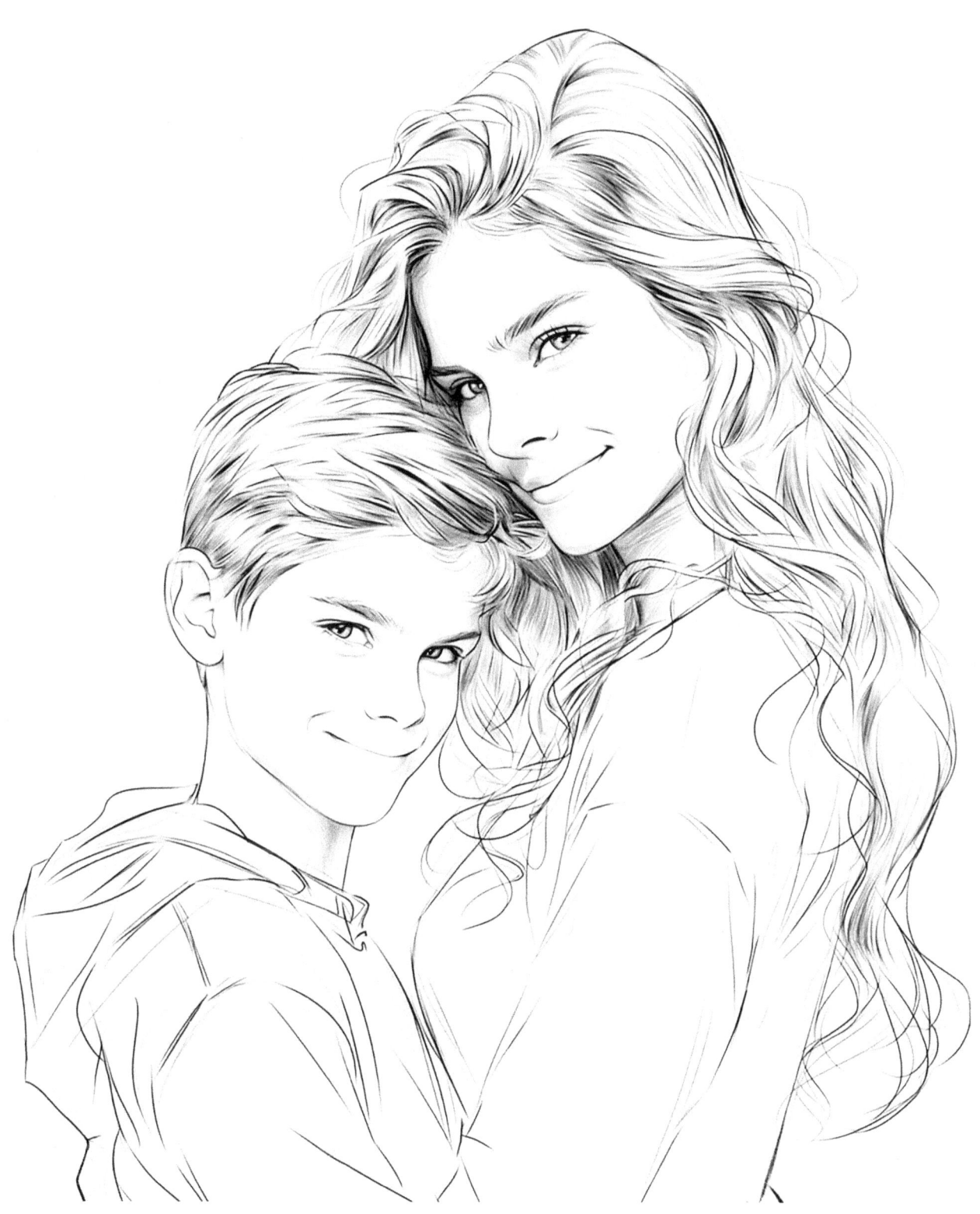

"Mamá, eres mi mejor amiga."

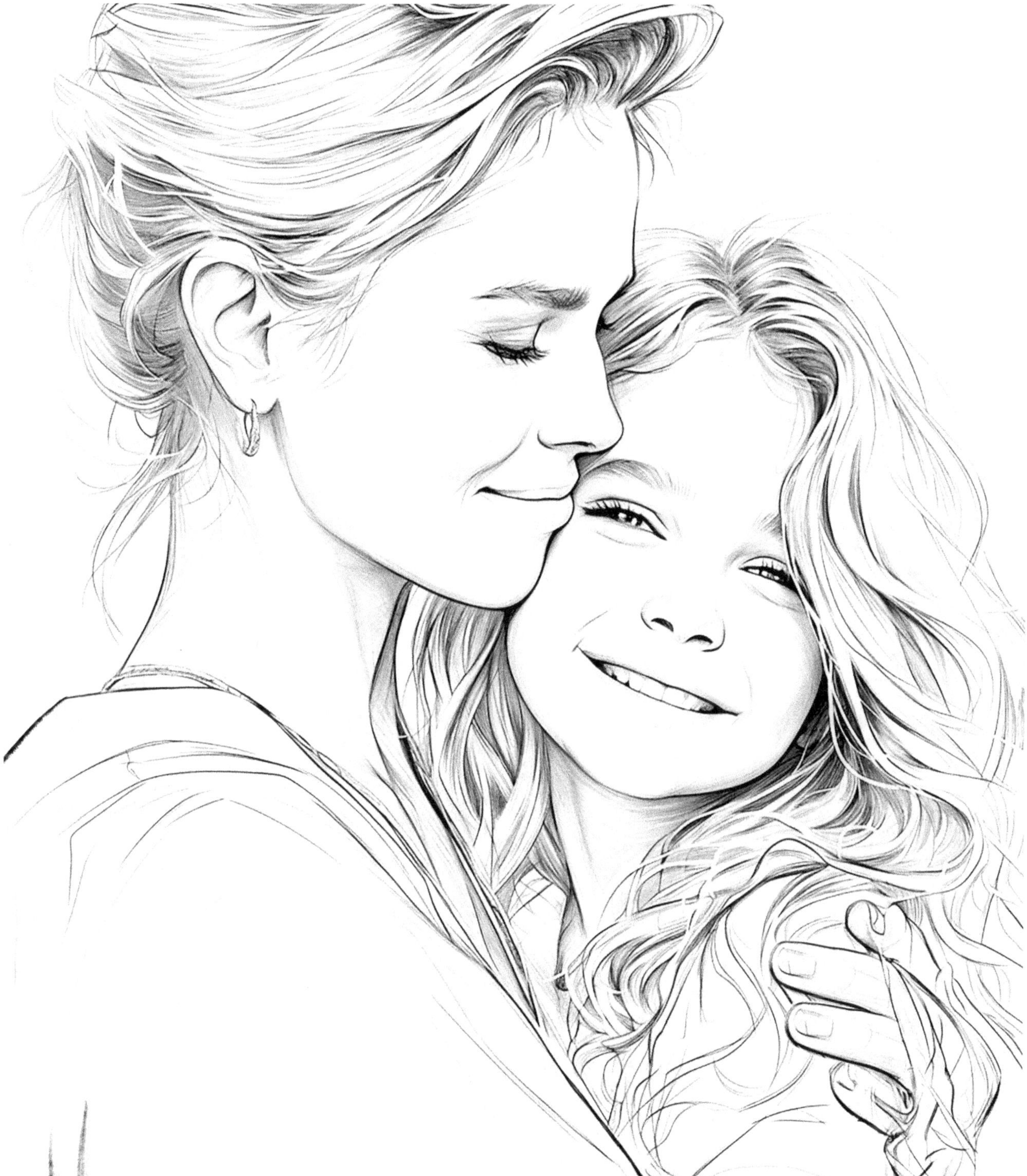

"Con tu amor, todo es posible."

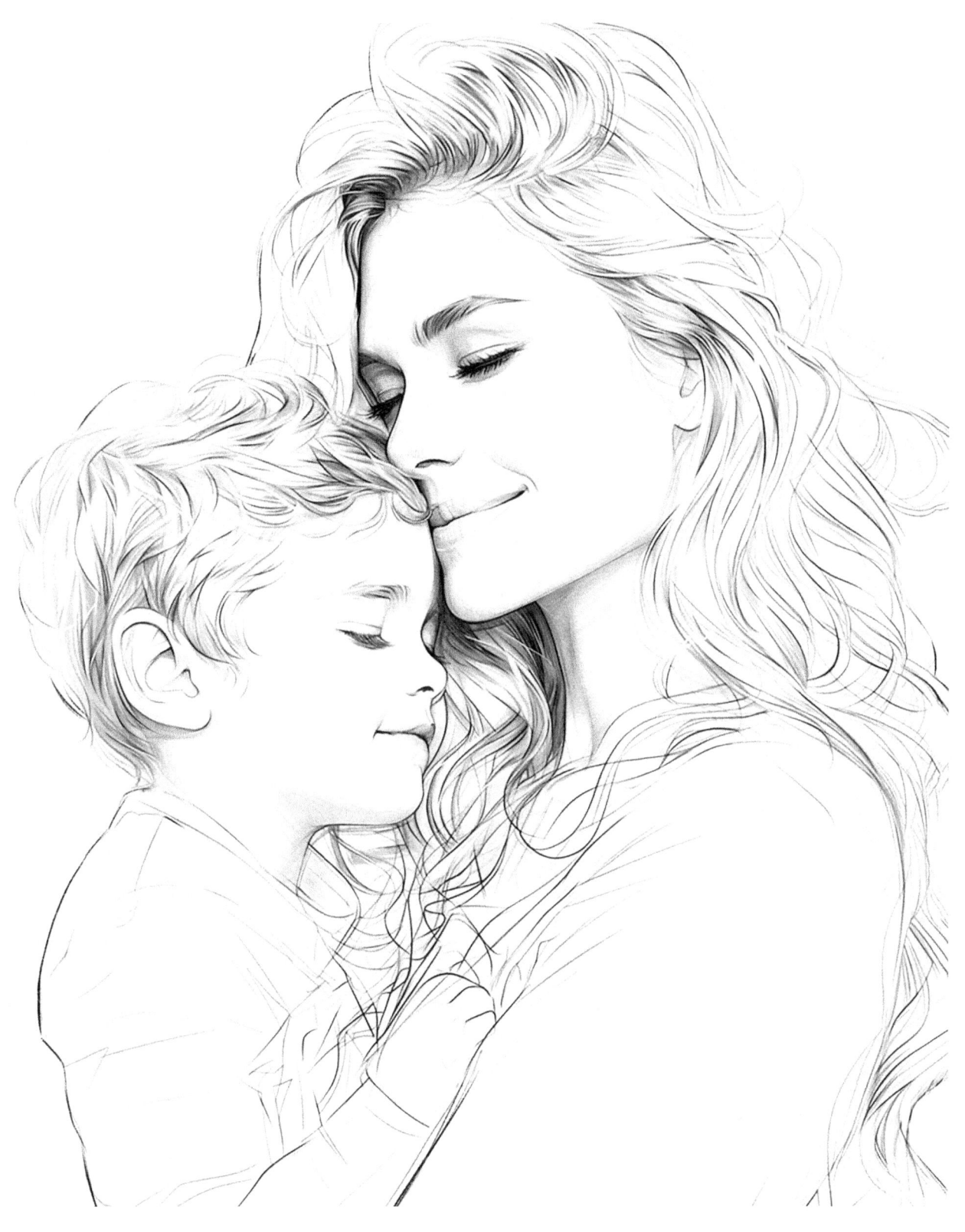

"Eres el corazón de nuestra familia."

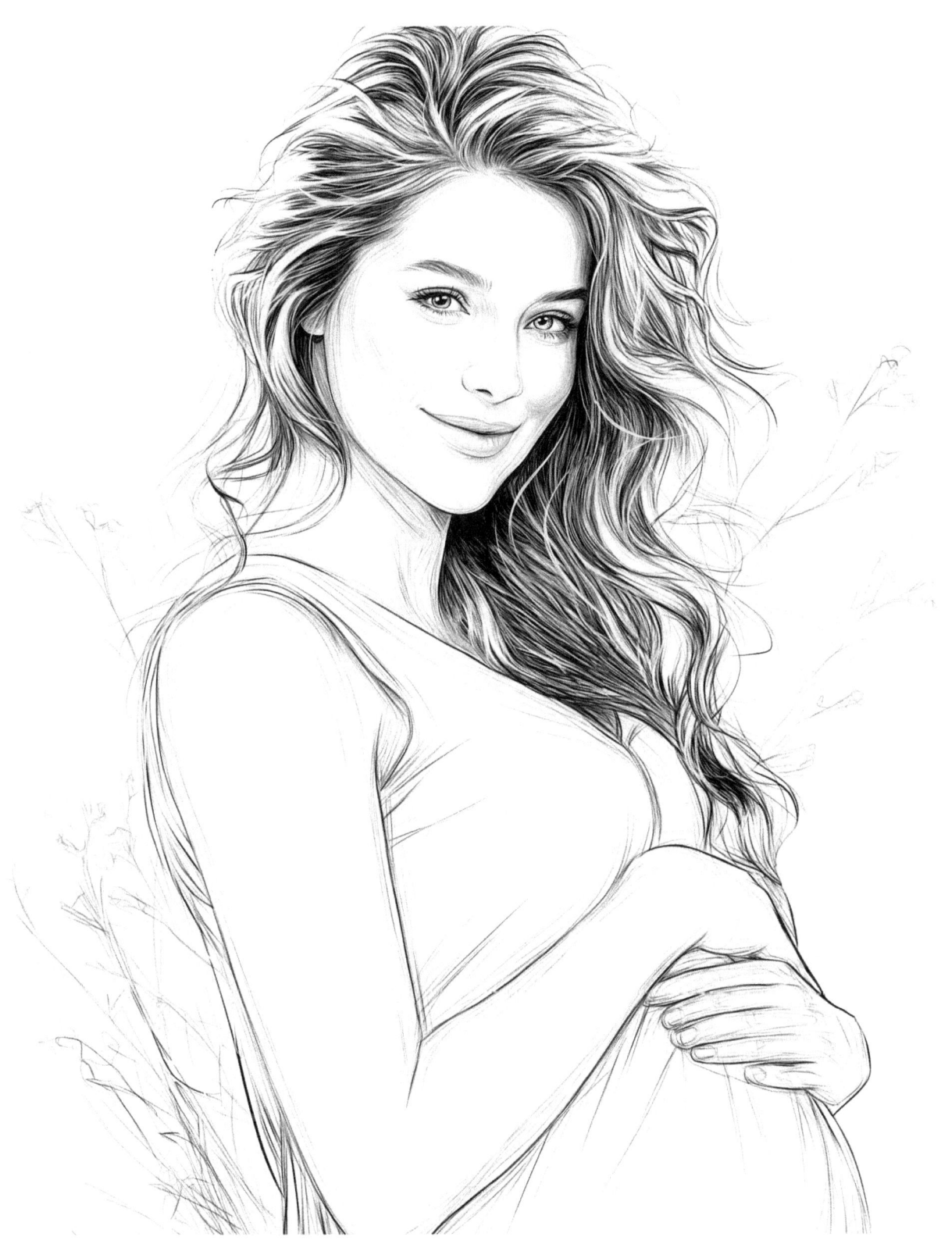

"Gracias por enseñarme a ser fuerte."

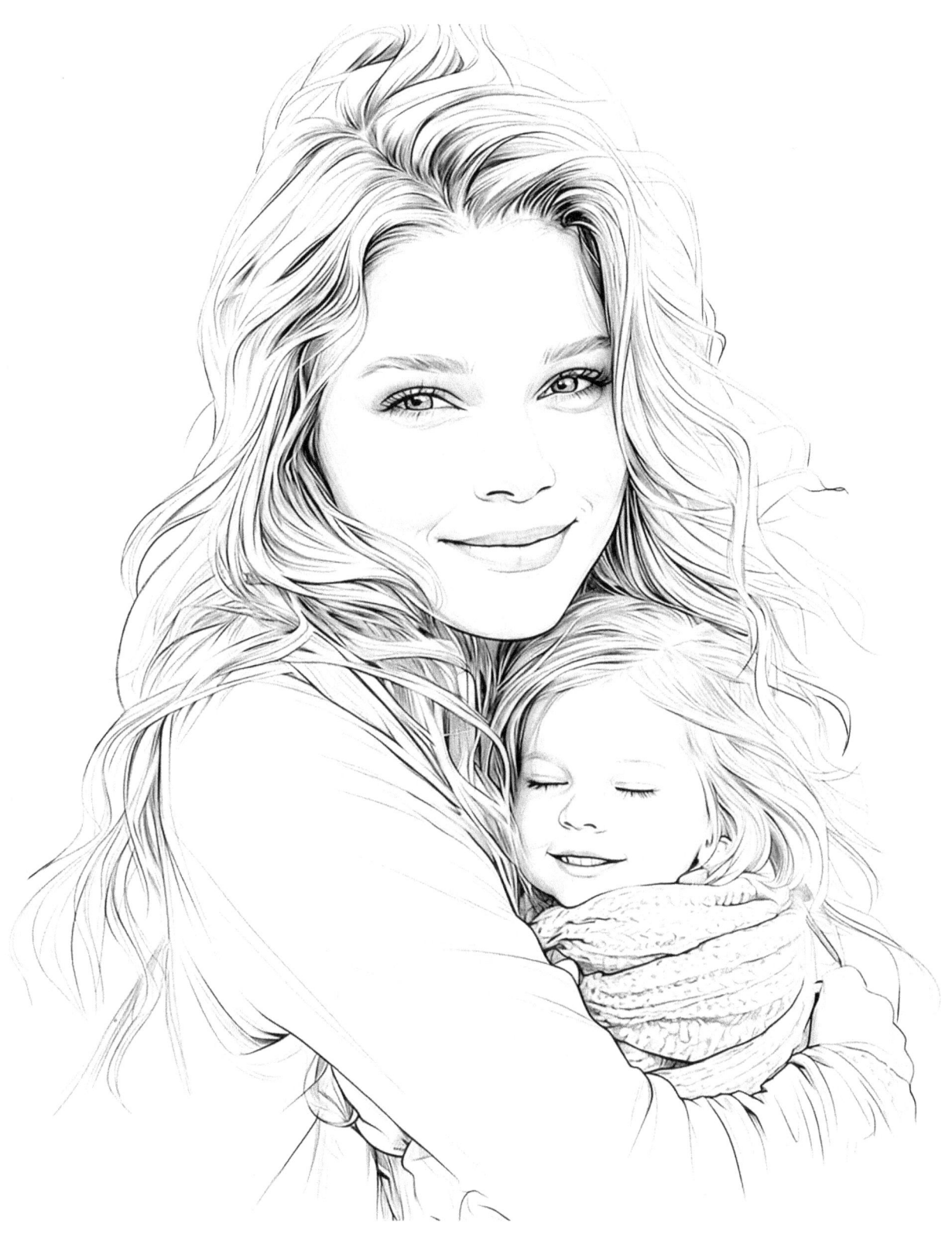

"Tu sonrisa ilumina mis días."

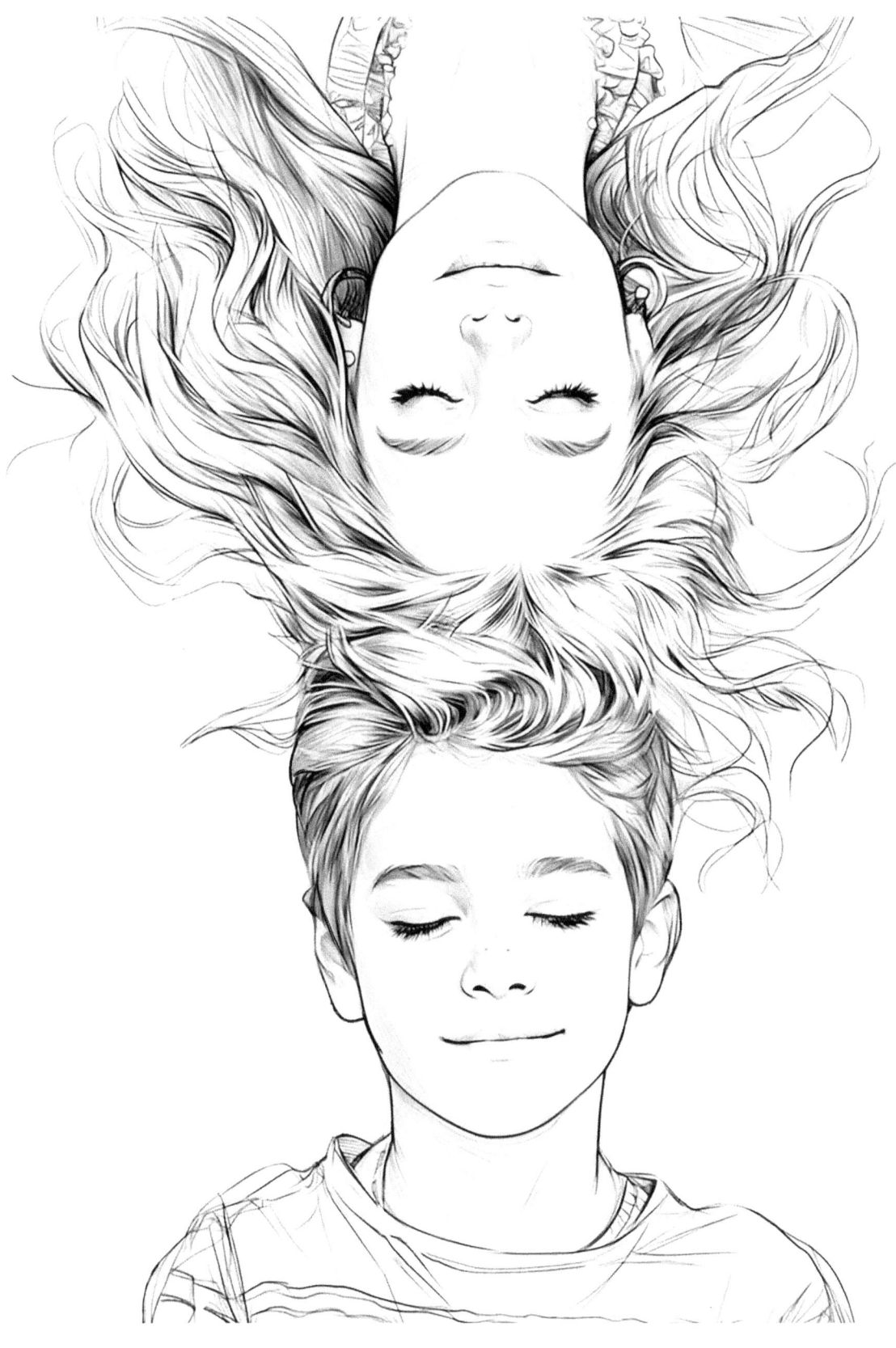

"Eres mi ángel en la Tierra."

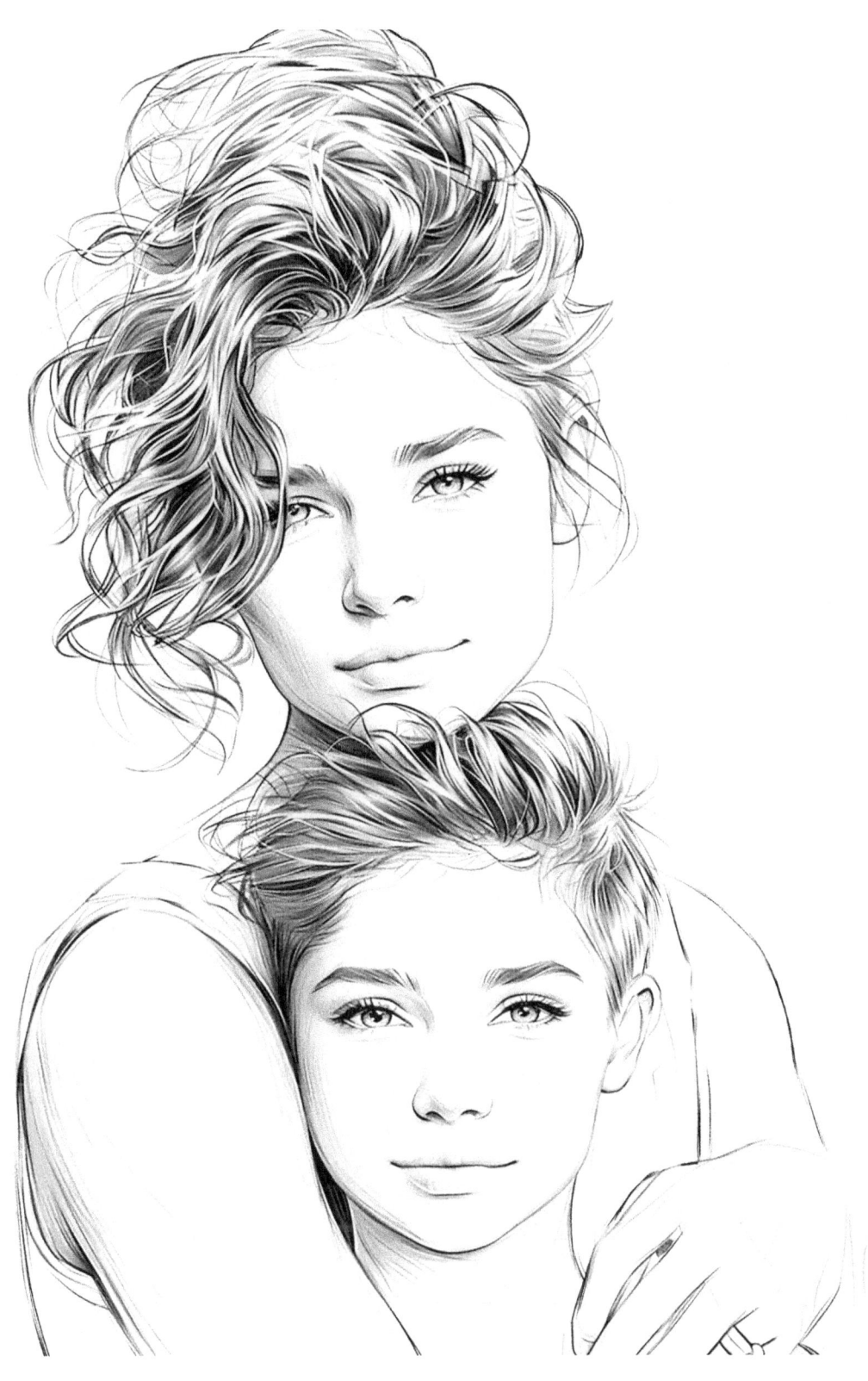

"Contigo, siempre me siento seguro."

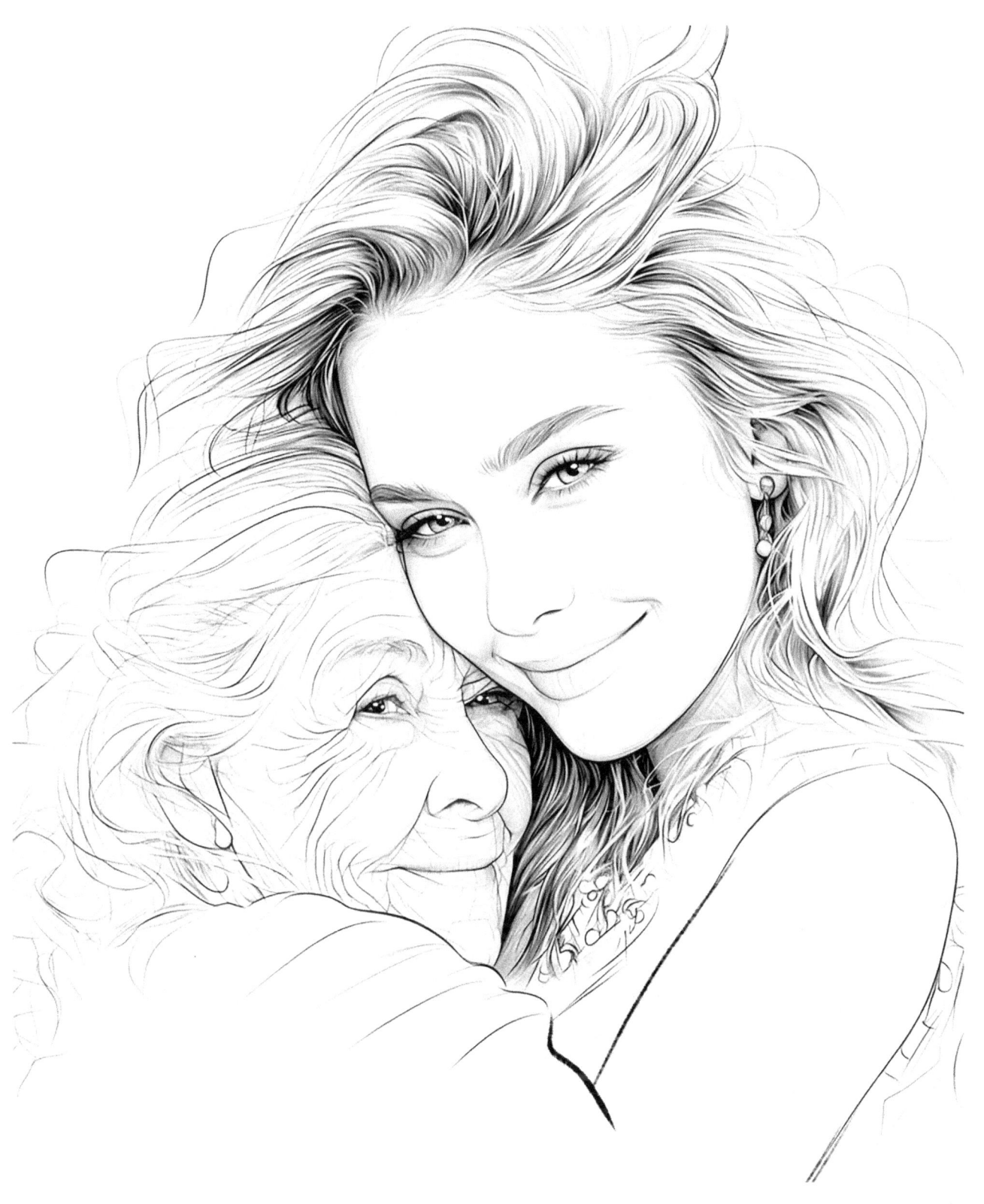

"Tu amor es mi mayor tesoro."

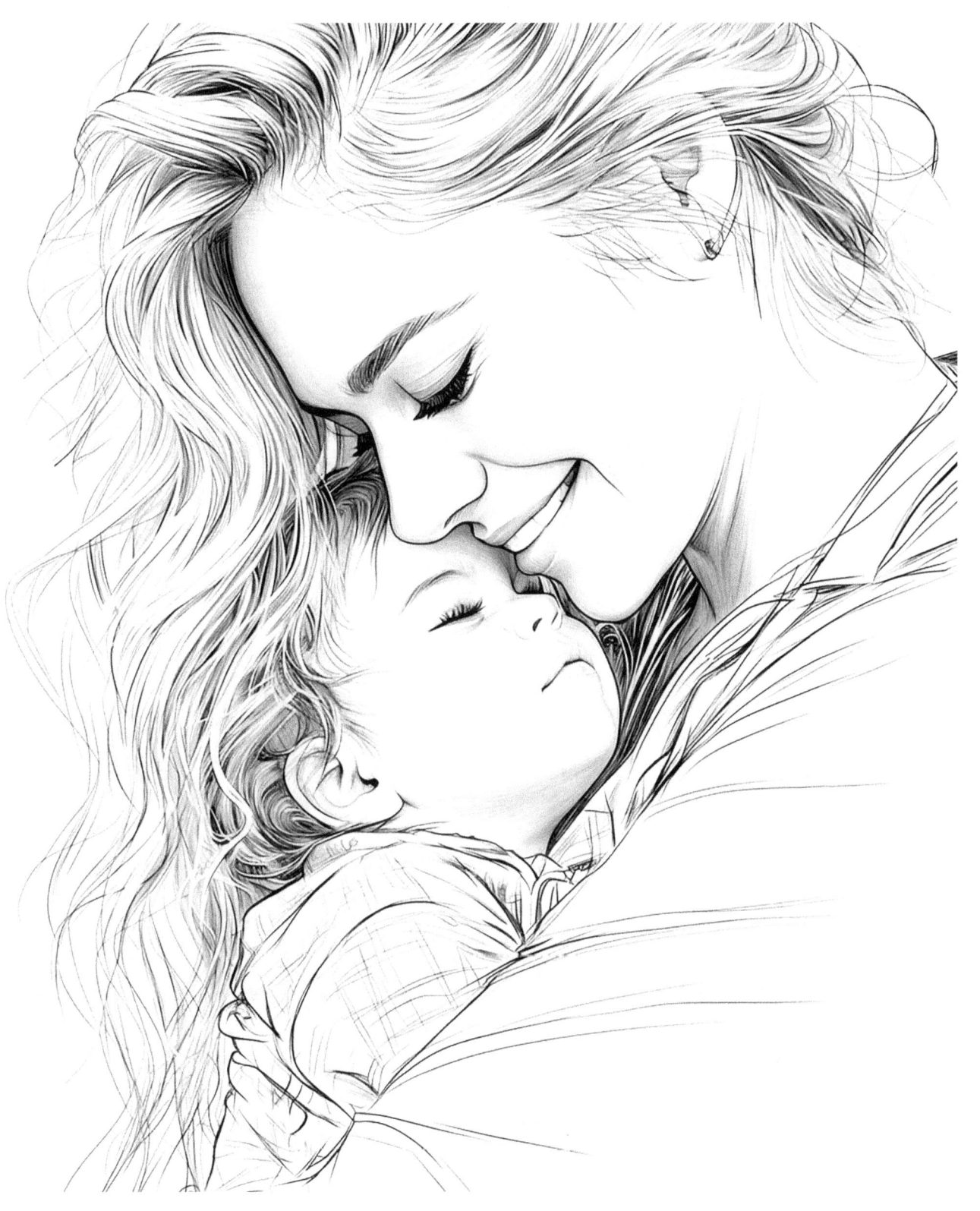

"Gracias por cada beso y abrazo."

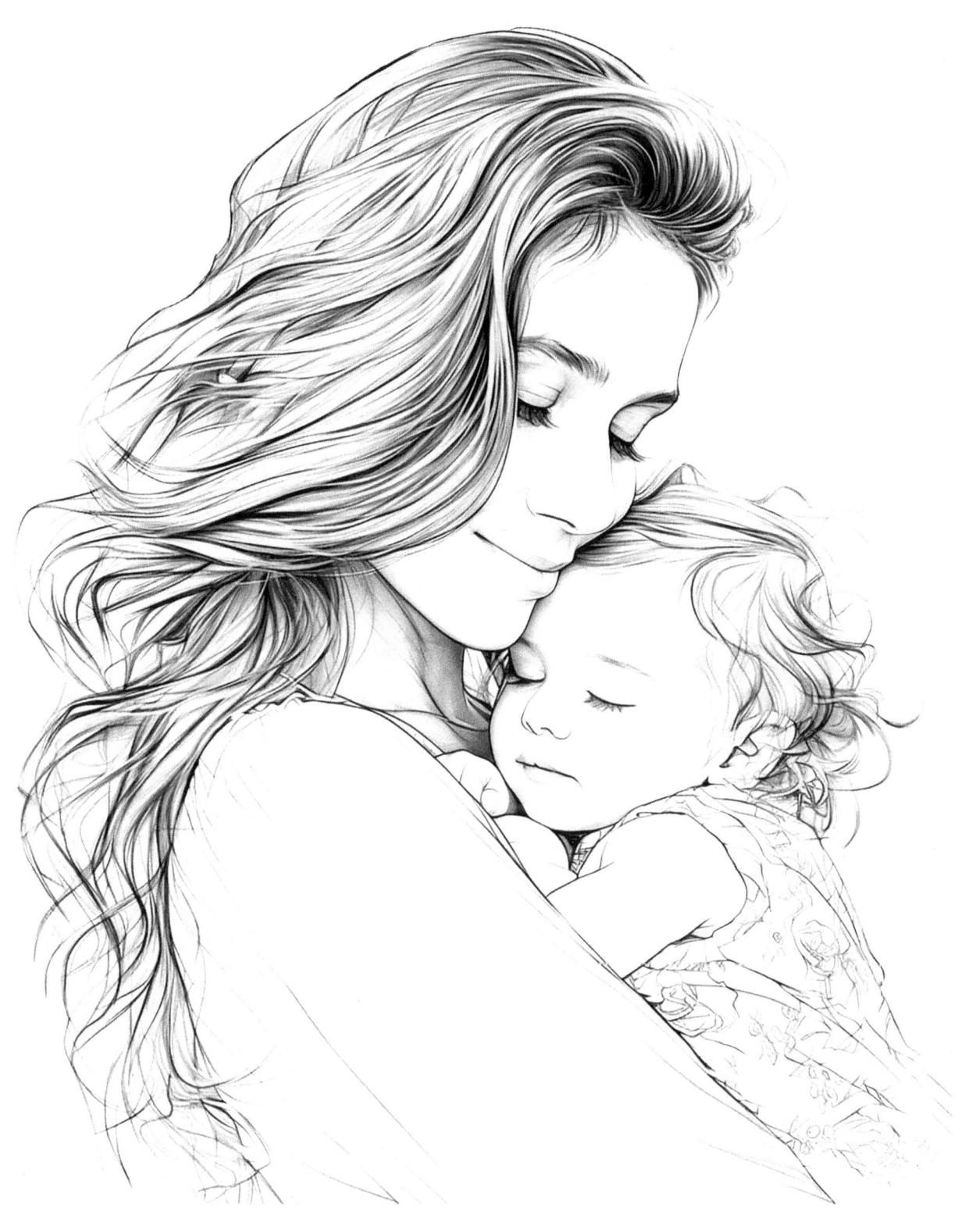

"Eres mi guía en este mundo."

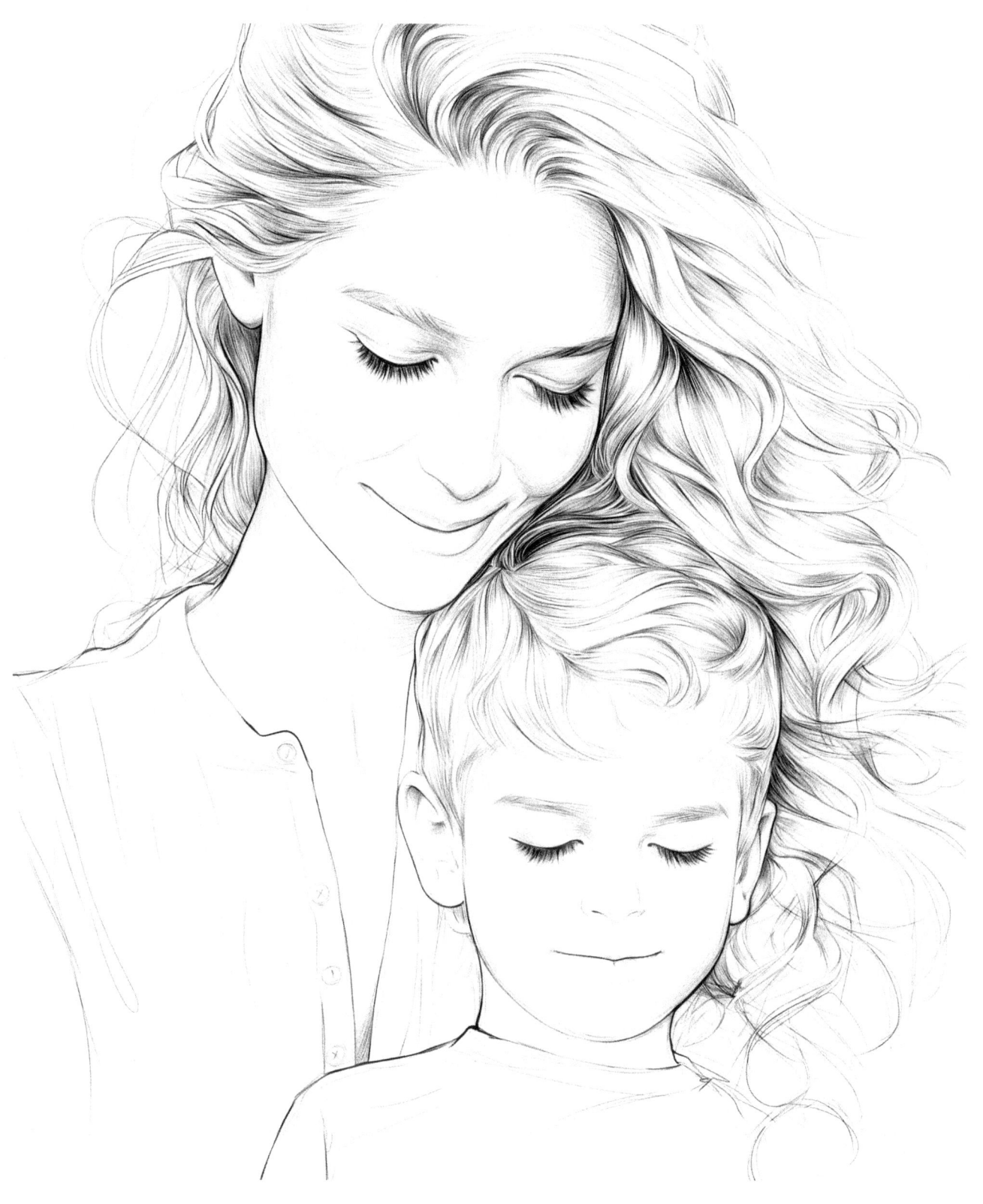

"Nunca dejaré de necesitarte, mamá."

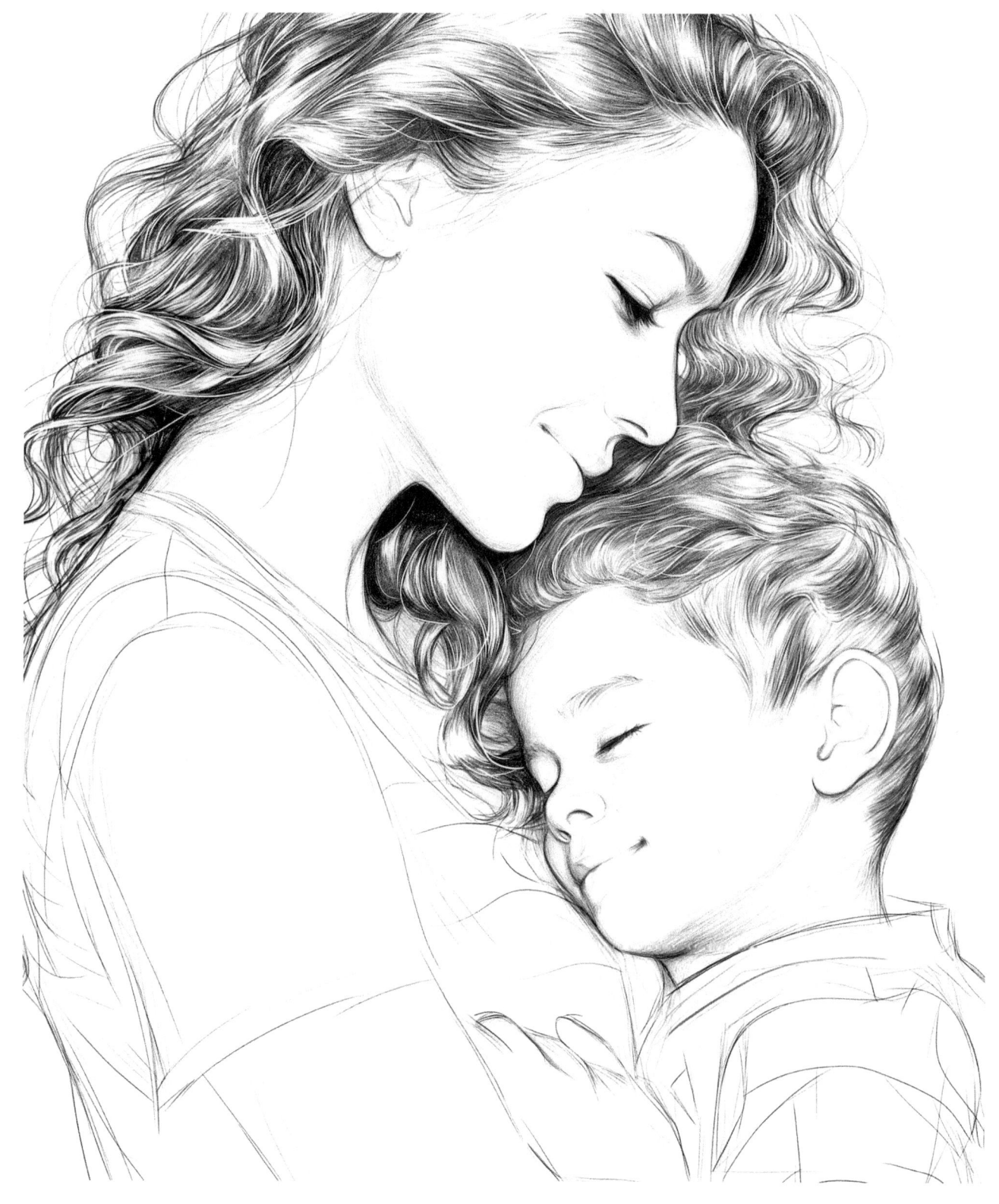

"Gracias por ser mi mayor defensora."

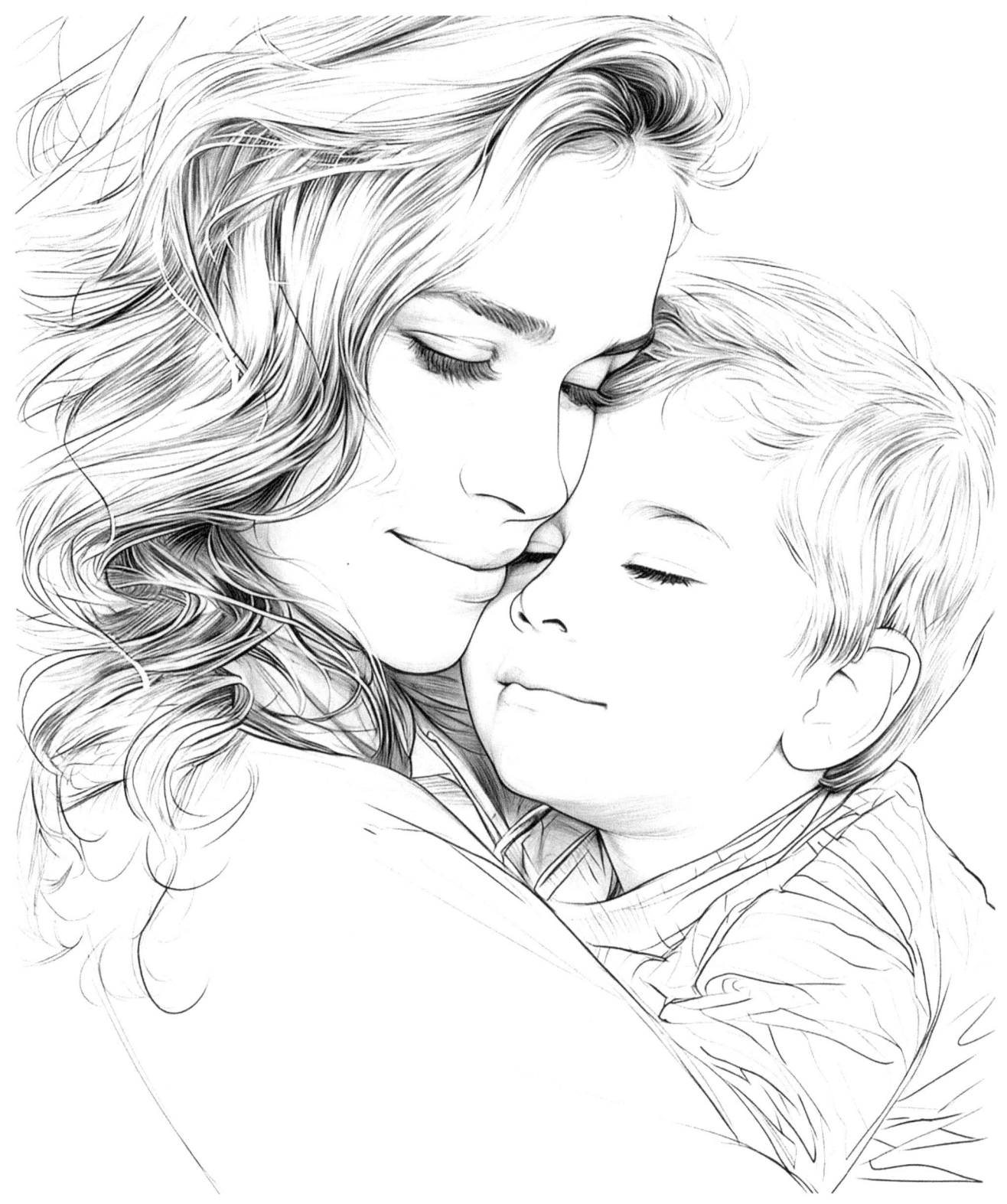

"Eres mi ejemplo de amor incondicional."

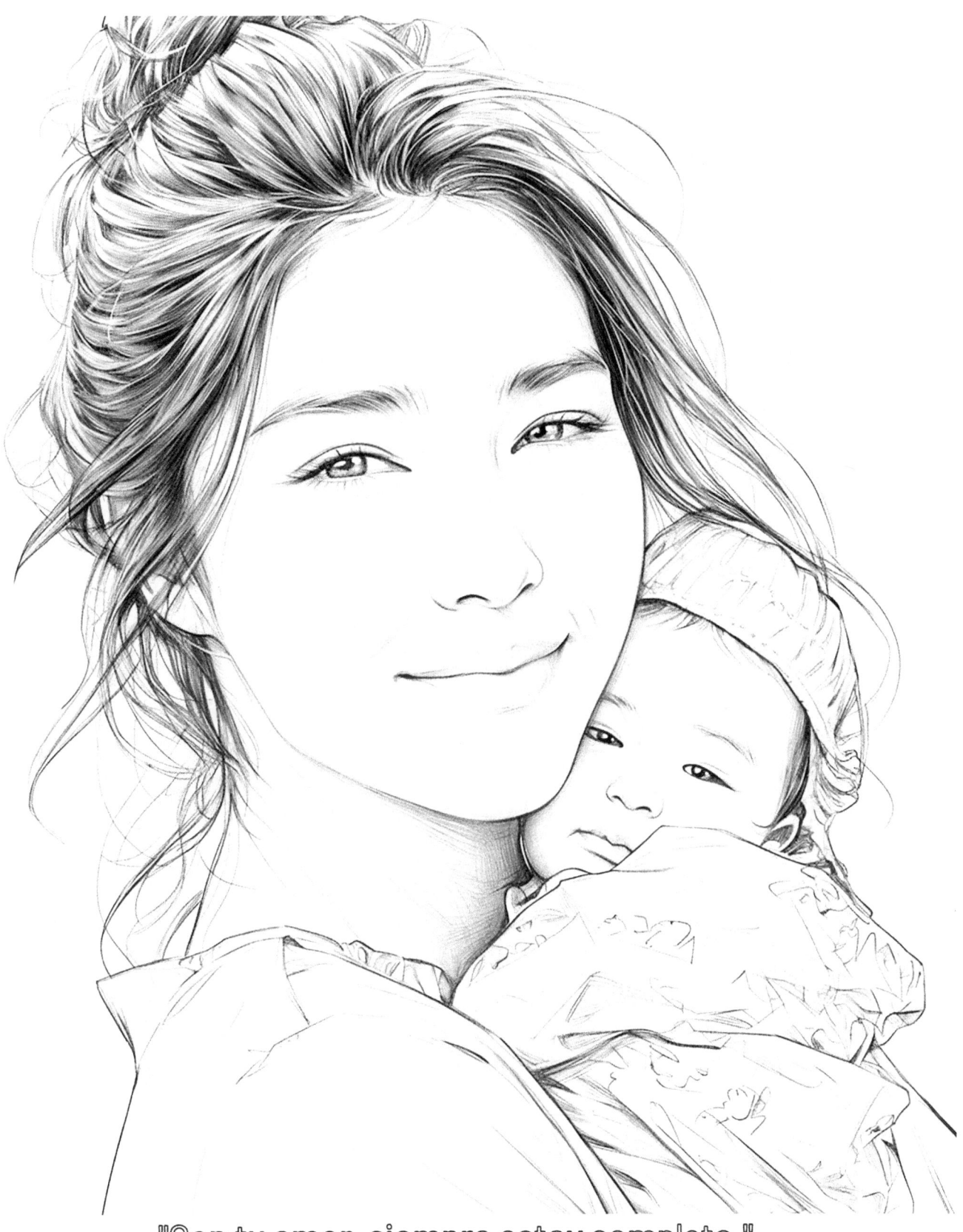

"Con tu amor, siempre estoy completo."

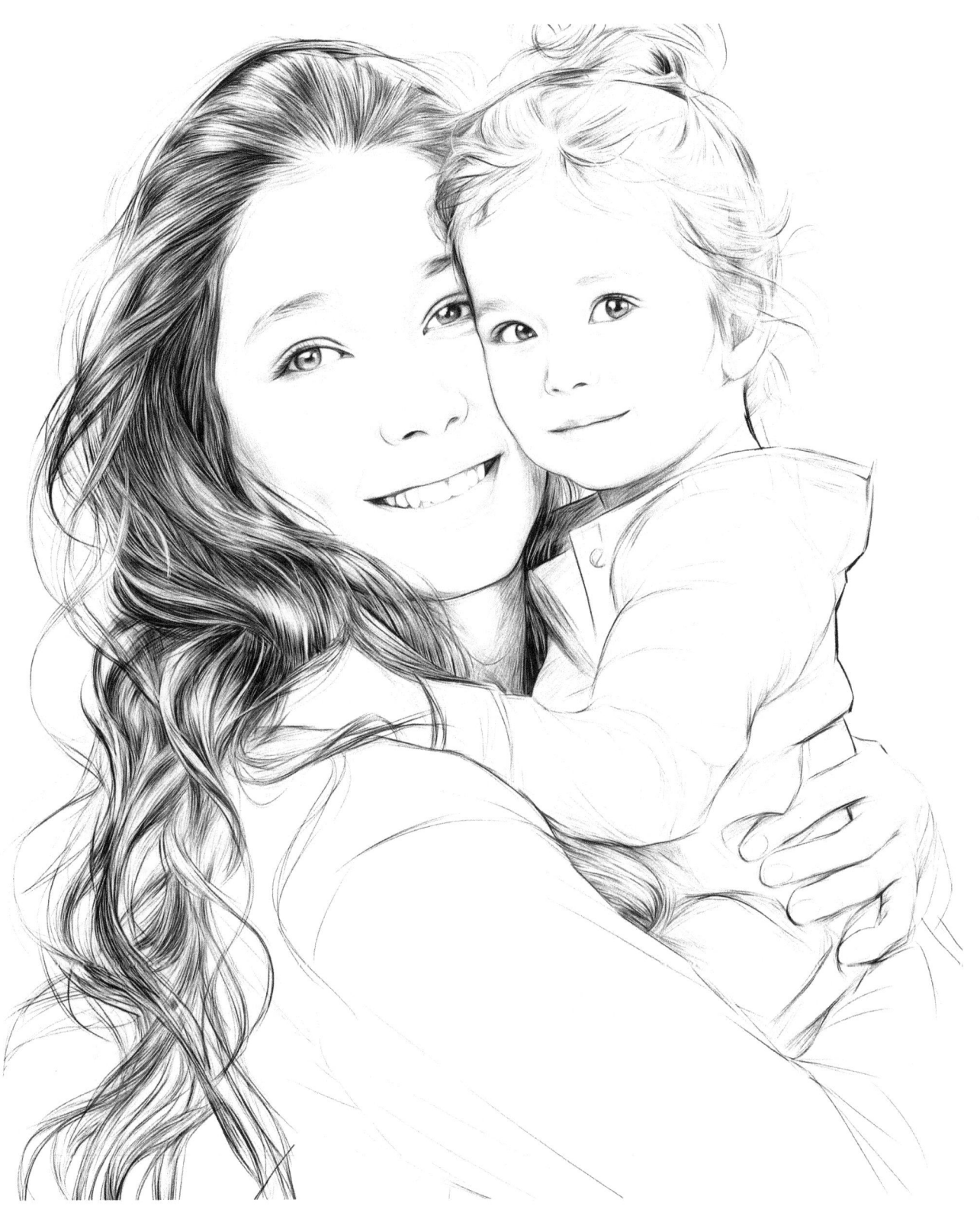

"Gracias por cada momento compartido."

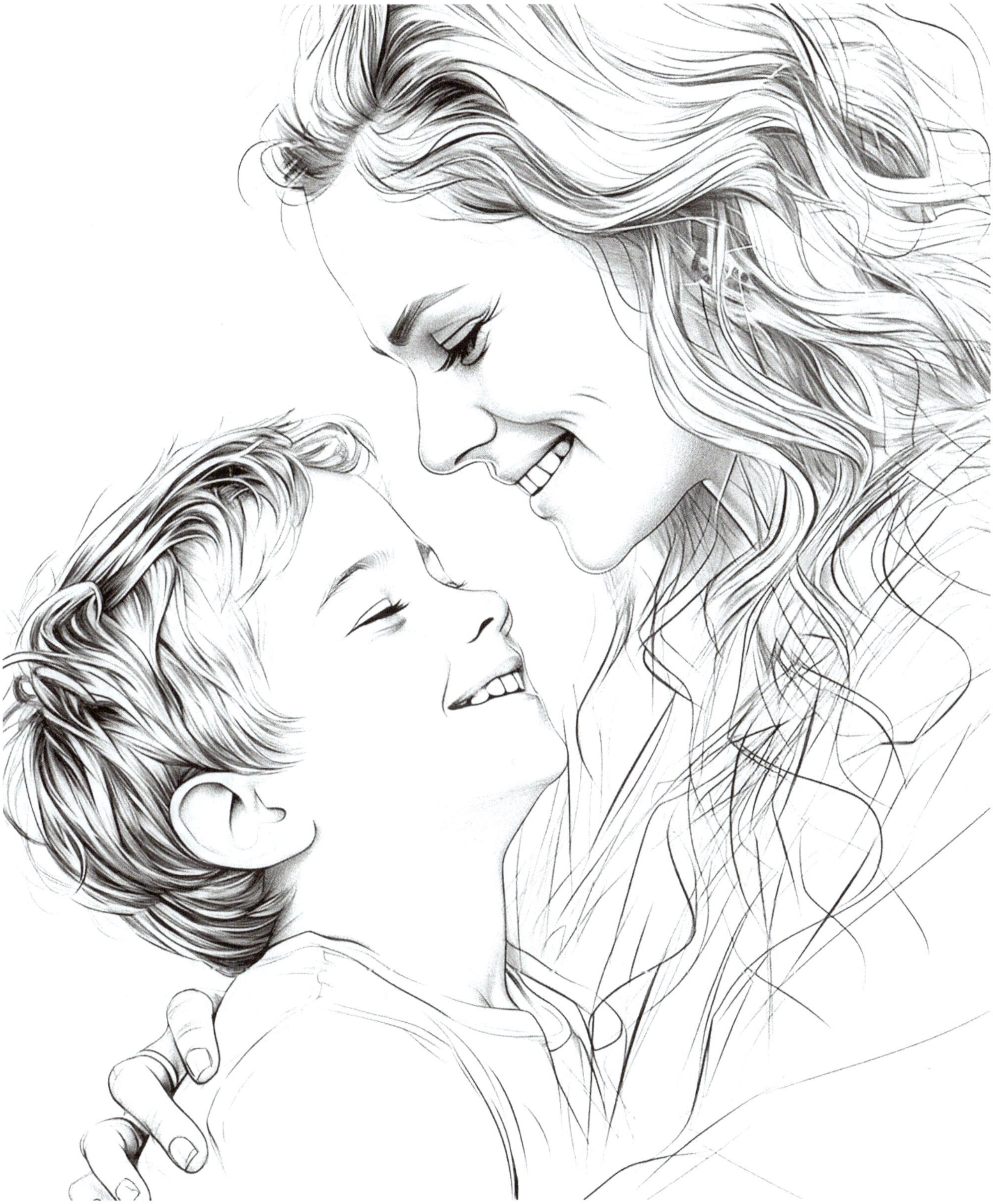

"Tu amor es mi motor en la vida."

www.ingramcontent.com/pod-product-compliance
Lightning Source LLC
Chambersburg PA
CBHW062158220526
45470CB00009B/2858

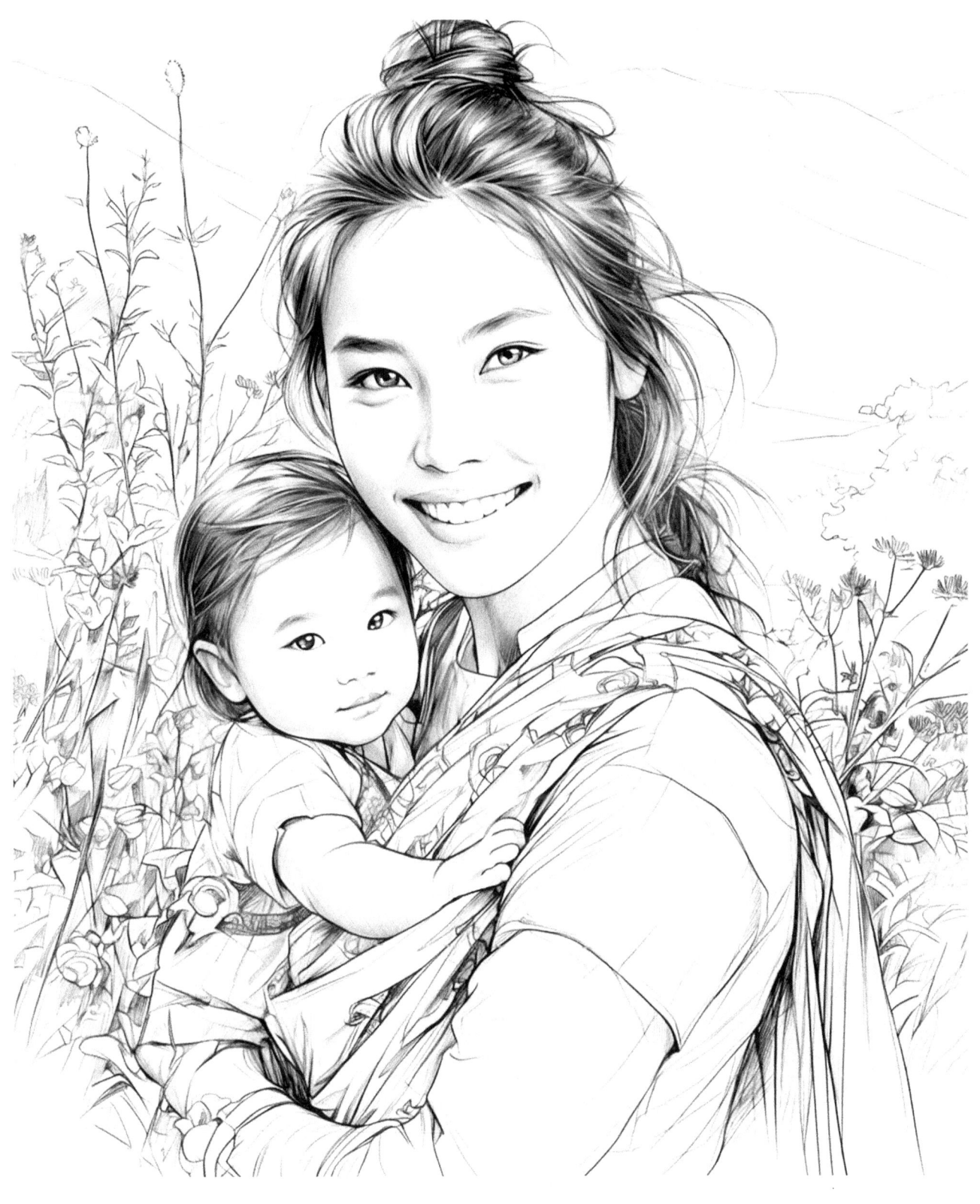

"Eres el pilar de nuestra familia."